Comprendre Rimbaud

© Max Milo Éditions, Paris, 2018
« Comprendre/essai graphique »
www.maxmilo.com
ISBN 978-2-315-00866-7

Alain Jugnon

Comprendre Rimbaud
Mon esprit, tournons dans la morsure

Du même auteur

Cahiers Artaud n° 1, (coord.), Éditions les Cahiers, 2013.

La Trique de nos meneurs ou le Nanar chrétien, Éditions Dasein, 2014.

Redrum, à la lettre contre le fascisme, collectif (coord.), Éditions Les Impressions Nouvelles, 2015.

Derrida, hors-bord, Lemieux Éditeur, 2015.

Cahiers Artaud n° 2, collectif (coord.), Éditions les Cahiers, 2015.

Pourquoi je lis Rigodon de L.F. Céline, Éditions Le Feu Sacré, 2015.

Contre Onfray, Nouvelles Éditions Lignes, 2016.

Sans dieu merci, Jacques Flament Éditions, 2016.

Pourquoi nous sommes nietzschéens, collectif (coord.), Éditions Les Impressions Nouvelles, 2016.

Athéologiques – L'humanisme, le communisme et Charles Péguy, Éditions Dasein, 2016.

La Contre-attaque (revue politique et poétique, coord.), Éditions Pontcerq, 2017.

Artaud in Amerika, Éditions Dernier Télégramme, 2017.

Le Gauche, bref manuel pour soigner la droite, Éditions Le murmure, 2017.

Cahiers Artaud n° 3, collectif (coord.), Éditions les Cahiers, 2017.

A body, in spite, Nightboat Books, New York, 2017.

Folie et poésie selon Deleuze et Guattari, Nouvelles Éditions Lignes, 2018.

Pensées 68, Gwen Catala éditeur, 2018.

Alain Jugnon est écrivain et philosophe. Il dirige *Les cahiers Artaud* et la revue *La Contre-attaque*. Il enseigne la philosophie dans un lycée public et expérimente l'éducation de la jeunesse à la pensée libre et critique.

Sommaire

Contre la poésie

« Ne rien porter au jour que ce que je suis seul à dire[1]. »

Francis Ponge en 1940 ne veut plus être un poète comme tous les autres et il prend le parti politique de refaire le poétique à hauteur d'homme, matériellement parlant.

Je veux lire et comprendre, avec la méthode et la méditation de Francis Ponge, les phrases et les poèmes d'Arthur Rimbaud.

Rimbaud, c'est certain, fut le seul à dire comme il le disait ce qu'il a porté au jour.

« Il en veut, mon esprit[2]. »

---

1. Francis Ponge, *La Rage de l'expression*, Paris, Gallimard, 1976, p. 112, (« Poésie/Gallimard »).
2. Arthur Rimbaud, *Poésies, Une saison en enfer, Illuminations*, « L'impossible », 1973, p. 199, (« Poésie/ Gallimard »), rééd. Gallimard, 1999, (« Folio Classique »).

La poésie de Rimbaud n'est ni une métaphysique ni une performance d'artiste. Poésie chez Rimbaud est théâtre pour la révolution. Poésie est donc trois choses : une expérience, un lieu et la pensée.

Rimbaud fut le premier poète venu au monde pour le faire et l'écrire. Une expérience pour sentir, écrire, vivre. Un lieu pour travailler et marcher. La pensée pour faire la révolution nécessaire.

Rimbaud et les faussaires

Qu'en savent-ils tous ?

Par exemple, au sujet de Nietzsche, Rimbaud et Artaud.

Ils n'en savent rien, ou plutôt ils croient savoir que ce nihiliste, cet enfant ou ce fou, comme ils disent, sont perdus définitivement pour la société, la patrie et leur dieu.

Ce ne sont que des poètes et pourtant les poètes de cet acabit on les viole simplement en priant pour le salut de leur âme et en imaginant leur saison en enfer pour très bientôt. À éliminer : ils n'ont rien dit de raisonnable et ils n'ont même pas fait leur sale révolution.

Les assis quand ils se réunissent et qu'ils sont fiers d'eux en société, en dieu ou en héritage, assassinent régulièrement et tranquillement ces poètes véritables et dressés qui ont forgé le seul progrès humain qui vaille : l'écriture de notre poème commun.

Nietzsche a écrit *L'Antéchrist*.

Artaud a écrit *Van Gogh le suicidé de la société*.

Et Rimbaud a écrit *Une saison en enfer* et *Illuminations*.

Il faudra, pour défendre la vraie poésie et les vrais poètes, tout d'abord déconstruire et défaire ce que les faussaires du poème ont établi, entre eux et en club, comme leur extase de l'Un et leur sublimation de l'Être. Contre ceux-là, les inconditionnels de la poésie politiquement incorrecte (chrétienne en général, mystico-métaphysique pour les particuliers), il y aura la maison de correction poétique et morale.

Pour cela et pour bien commencer, on a Francis Ponge, le poète du parti à prendre pour les vraies choses :

« Ne jamais essayer d'arranger les choses. Les choses et les poèmes sont inconciliables. Il s'agit de savoir si l'on veut faire un poème ou rendre compte d'une chose (dans l'espoir que l'esprit y gagne, fasse à son propos quelque pas nouveau). C'est le second terme de l'alternative que mon goût (un goût violent des choses, et des progrès de l'esprit) sans hésitation me fait choisir. Ma détermination est donc prise… Peu m'importe après cela que l'on veuille nommer poème ce qui va en résulter. Quant à moi, le moindre soupçon de ronron poétique m'avertit seulement que je rentre dans le manège, et provoque mon coup de reins pour en sortir[3]. »

Je suis bien d'accord avec Francis Ponge, il ne faut rien arranger, surtout quand la chose s'appelle Arthur Rimbaud. Et que la poésie objective est en jeu, autrement dit : la vérité même.

C'est là qu'il faut bien dire les choses contre Yves Bonnefoy (1923-2016), le poète français, auteur d'une œuvre considérable, poétique et littéraire, critique et esthétique, qui écrivait sur Rimbaud pour l'être et non pour le devenir.

Et qui n'en savait rien.

Rimbaud, à aucun moment, n'est ce qu'il est devenu entre 1869 et 1875. Yves Bonnefoy avait mal suivi la chose.

Dans son recueil de textes sur Rimbaud, *Notre besoin de Rimbaud*, Yves Bonnefoy y va de son ronron critique et poétique au sujet du poète sur une période

---

3. Francis Ponge, *La Rage de l'expression, op. cit.*, p. 10 et 11.

s'étalant de 1961 à 2008. Livre sur la poésie somme toute illisible à force d'apologie de la souffrance et de quête de l'être et de l'absolu. Livre aussi impossible quand il veut lever la contradiction entre l'espérance et la révolution, quand il veut résoudre l'âme et le corps de Rimbaud selon la formule usée d'une alchimie de l'être. Tout ce que Bonnefoy croit savoir sur Rimbaud relève plus de la crise personnelle et religieuse que de la philosophie de la vie et la poésie objective. Il y a dans la critique de Rimbaud par Yves Bonnefoy un sale christianisme cultivé et non assumé qui fait de la vie et de l'œuvre du poète des poètes une sorte de chrétien absolu et triste torturé par son âme chue, sa mère abandonnique et son dieu caché et mauvais.

Il y a encore en France – cela date de Paul Claudel – une lecture chrétienne et cavernicole des poèmes et des phrases écrits par Arthur Rimbaud. Il y a ce sale christianisme de poète français qui refuse de se faire à l'idée que ce très jeune homme n'était pas chrétien et que dieu, le pape et les saints n'étaient pas sa tasse de sainteté.

Heureusement, il y eut, avant tout cela, Jacques Rivière qui, en 1915, écrivit un *Rimbaud*, le

Rimbaud qui dit et sait qu'il n'a jamais été chrétien, ni enfant chrétien, ni jeune chrétien, ni adulte mort en christ et selon la vieille mère et la jeune sœur.

Ce Rimbaud a besoin de nous, pour sortir des phrases d'Yves Bonnefoy ou de Paul Claudel, ici par exemple (où il y a des images pieuses qui brouillent la création de soi comme un autre) :

« Et comprenant qu'il demeure ainsi, un des derniers peut-être, ouvert à ce qu'eût offert une vraie expérience religieuse, il s'étonne, logiquement, d'être abandonné de Dieu : *Le sang païen revient*[4] ! »

« Cette communion se fût faite, non du feu, décidément incommunicable mais, par compassion, de la misère même des hommes, reconnue par chacun et partagée. Sentiment certes "chrétien", bien qu'appelé à lutter contre le malheur dont est cause le christianisme, elle aurait facilité la confiance en soi qu'il faut bien avoir pour les autres formes d'amour[5]. »

---

4. Yves Bonnefoy, *Notre besoin de Rimbaud*, Paris, Éditions du Seuil, 2009, p. 175, (« La Librairie du XXIe siècle »).
5. *Id., ibid.*, p. 156.

Car, disons-le, quel malheur, quel dommage, quelle horreur : Rimbaud n'a jamais réussi le christianisme pour lui, pour sa famille et pour sa vie.

On parle bien ici de Rimbaud ? du poème objectif ? du dérèglement de tous les sens et du *jeu* qui est un autre et au travail, horriblement ?

C'est plutôt une sorte d'Orphée mou qui fait le coucou et prend la place d'un Prométhée au combat et que l'on se met sous le boisseau, au cas où l'inspiration viendrait et au cas où l'absolu serait.

J'ai découvert que chez tous les commentateurs, poètes ou critiques de métier, Rimbaud est soit un chrétien accompli, soit un chrétien repenti, que la seule question à son sujet et concernant son extase et sa vision c'est encore chrétien ou pas encore, être ou ne pas être catholique. En bref, je tombe des nues en prenant conscience que la littérature sur Rimbaud en fait un romantique et un Français mystique. Si jamais il peut être vrai que Rimbaud soit un chercheur d'absolu, un fou de dieu, alors autant dire que Nietzsche fut un christ et Artaud un saint.

Or Arthur Rimbaud, par son principe, est un enfant lumière et par sa pratique un anarchiste, homme en

totalité : son esprit ne veut ni dieu ni maître, ni être ni un. C'est tout ce que le poète et penseur Yves Bonnefoy refusa de savoir au sujet de Rimbaud. Il faut repartir à zéro, pour ne plus croire des choses métaphysiques à propos de la poésie.

Comme, par exemple et pour en finir, croire cela au sujet de l'expérience poétique de Rimbaud (Yves Bonnefoy fait un commentaire littéraire et philosophique d'*Une saison en enfer* de Rimbaud) :

« Toujours chez Rimbaud, la morale chrétienne saura parler la dernière. Et c'est dans cette évidence qu'il doit désormais tenter de s'ouvrir sa voie. [...] *Je veux la liberté dans le salut.* Il est bon d'avoir bien compris au profond de soi cette contradiction essentielle, d'un Dieu qui ne sauverait qu'à travers la nécessité morale, et d'une nature qui ne permet pas de dégager l'être des intuitions de l'instinct. [...] Rimbaud a pu désirer *l'abrutissement*, l'abjection, le crime − *un crime, vite, que je tombe au néant, de par la loi humaine* −, il ne pourra jamais participer de cette foi qu'est la mort. [...] Le révolutionnaire désire modifier le donné naturel − psychologique ou social −, l'améliorer, mais l'homme des croisades a voulu le transfigurer, et c'est lui, en dépit du premier espoir naïf emporté avec la Commune, le vrai parent de Rimbaud. [...] [Rimbaud] est-il incapable d'obéir à la vérité ? Quand il a achevé le tableau de sa condition métaphysique, faut-il que de plus médiocres fatalités, elles de nature psycho-logique, l'empêchent d'en demeurer l'incorruptible témoin ? *Et dire que je tiens la vérité, que je vois la justice : j'ai un jugement sain et arrêté, je suis prêt pour la perfection…* […] C'est la religion du Sauveur qui lui a inculqué la notion d'un autre monde plus vrai et qui, par cette promesse, a voué à l'inexistence ce monde-ci. […] Je crois vraiment que Rimbaud, dans cette heure de l'avant-aube, s'est converti à l'espoir[6]. »

On voit comment le faussaire insère *l'italique* des dits du poète au milieu du discours de vérité qu'il veut tenir sur le poème. Rimbaud dans le texte de Bonnefoy est de fait perdu pour l'humanité ayant rompu avec Dieu et l'être là de sa création. Il semble clair alors que si « vérité » il y a chez le commentateur, nous parlons de dieu – c'est la métaphysique – et que si vérité il y a chez le poète nous parlons de l'homme sans dieu ni être – c'est la poésie.

---

6. Yves Bonnefoy, *Notre besoin de Rimbaud, op. cit.*, p. 184 à 194.

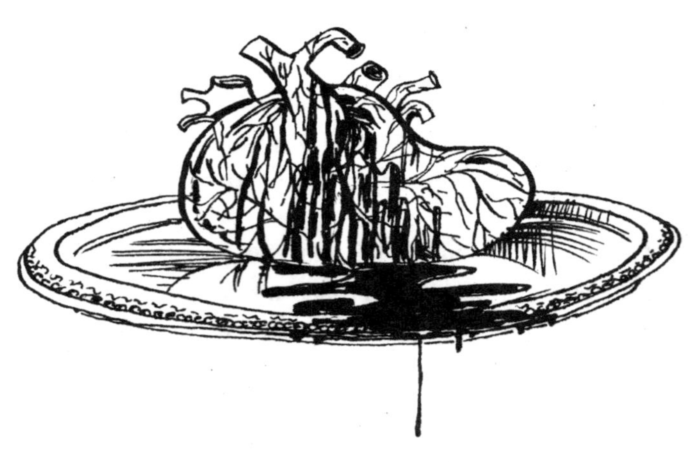

Dirty Rimbow

J'ai la folie de l'être humain.

Arthur Rimbaud savait cela, que je viens d'entendre dire de la part d'un interné d'office face à son juge quand ce dernier veut le maintenir de force dans son internement.

Le fou en question le sait aussi bien.

Être un homme, c'est comme prendre la folie avec.

Mais devenir un être humain, c'est autre chose : jusqu'à dix-sept ans ou à peu près, ce sera se faire voyant et matériellement révolutionnaire, et après vingt ans ce sera se faire africain et perdu pour la patrie, le père et la mère.

Ce morceau de vie d'Arthur Rimbaud me fait me re-souvenir de ce récit incroyable et beau où un personnage anglais du nom de Marlow (un nom pour un polar américain et une pièce élisabéthaine) part à la recherche du colonel Kurtz au terme d'une remontée du fleuve Congo en Afrique équatoriale (les données géographiques sont de ma part d'ores et déjà purement *géopoétique*). Dans ce roman de Conrad, *Au cœur des ténèbres*, Marlow est un peu Rimbaud, en tout cas, il aurait pu partir avec lui et refuser comme lui. Les noms de Rimbaud, Afrique, Marlow exposent déjà quelque chose de littéraire et de fou : il y a de la pensée humaine pour aller plus loin que l'Occident, il y a encore de la vie vraie pour partir en se retournant contre l'Occident. Le colonel Kurtz dans le récit de Joseph Conrad est un grand entrepreneur, grand commerçant et grand blanc vivant au point, sur la fin de sa vie, de massacrer des gens, de diriger une extermination et de construire en conscience l'horreur, l'horreur. On relira le roman de Conrad au regard de la vie de Rimbaud. D'abord le poème et l'Occident, puis la révolution et le refus, enfin la naissance et la mort. Un retour vers le futur : l'épopée des fous.

Et tout cela passera et se tiendra droit dans une *écriture* : un livre, un essai, un poème. Quelque chose que les gens de 2018 découvrent encore en livre de poche, dans des librairies modernes, quand une jeunesse cherche à comprendre le monde, la vie, Rimbaud même.

Ce que Rimbaud lui-même, dans un texte de 1872, une sorte de court roman, une très courte évocation

d'un homme jeune dans une chambre et qui rêve à des femmes.

« Ces écritures-ci sont d'un jeune *homme*, dont la vie s'est développée n'importe où ; sans mère, sans pays, insoucieux de tout ce qu'on connaît, fuyant toute force morale, comme furent déjà plusieurs pitoyables jeunes hommes. Mais, lui, si ennuyé et si troublé, qu'il ne fit que s'amener à la mort comme à une pudeur terrible et fatale. N'ayant pas aimé de femmes – quoique plein de sang ! –, il eut son âme et son cœur, toute sa force, élevés en des erreurs étranges et tristes [7]. »

Ce premier texte cité de Rimbaud est l'avertissement aux *Déserts de l'amour*.

Les Déserts de l'amour sont la seule forme romanesque tentée par le poète : on y trouve mis en jeu le jeune homme, la femme et l'amour.

Pour comprendre ce qui se joue là littéralement, nous pourrions relire dans la foulée le début des *Chants de Maldoror* (Dieu en gros y joue le rôle de la femme ici, violence et blasphème compris) et *L'Amour en visites* d'Alfred Jarry (Dieu et la femme y sont : la visite en question se passe dans une chambre, souvent,

---

7. Arthur Rimbaud, « Les Déserts de l'amour », in *Poésies, Une saison en enfer, Illuminations, op. cit.*, p. 169.

et le jeune homme qui est là subit les pires outrages, avec joie et grande peur).

Pour mieux comprendre, à la fin, Arthur Rimbaud, la logique poétique et politique voudra que nous comprenions Lautréamont et Jarry. Mais c'est l'autre histoire.

Pour revenir à la vie de Rimbaud seul, il y a bien, dès l'origine, la force, celle pour tuer chez Kurtz dans le roman, et il y a bien l'amour, celui pour aimer chez Rimbaud dans la poésie, et il y aura de plus la recherche, le chemin, la route pour voyager chez Marlow, en Occident : la vie vraie de l'adolescent Arthur R. tient ainsi par tous les bouts de cette séquence pour l'instant immobile. Et cela se passe dans la chambre du vivant, lors d'une saison de la vie et là où la lumière est partout chez elle.

Si l'amour a de ces déserts chez le si jeune Rimbaud, c'est parce que devenir un poète en France en 1870 n'est pas chose aisée. On veut partir loin, voir Paris, être bohémien, quitter la mère et ses Ardennes. On veut écrire, écrire encore, tout écrire : la vérité d'abord et l'amour ensuite. Arthur à l'école démontre au professeur de français de l'époque qu'il a tous les dons. Il imite à la perfection la vraie poésie française, il a toutes les bonnes notes, il prend les prix d'excellence sans rechigner, il est le fils de madame Rimbaud, la femme en noir, la maîtresse femme à la maison, la nature faite veuve. Alors, un jour l'adolescent craque le veston, il explose son âme poétique en direct. Il partira loin et ne revient plus. Ou alors : il part à Paris et reviendra autre.

On voit maintenant ce qui eut lieu avant l'Afrique, avant la fin de la poésie quand le poète décide de ne plus l'être, de devenir un homme parmi les autres, autant dire un dieu parmi les hommes : il fut ce poète, il fut cet adolescent génial, il sera un commerçant, un explorateur et un voyageur. Pas de rupture dans cette histoire de vie, l'anamnèse est créatrice, elle forge un caractère, un personnage à la Joseph Conrad en effet. Lord Rimbaud ou Mister Rimb font l'affiche et le spectacle.

Dans *Au cœur des ténèbres* à la fin du voyage, quand le colonel Kurtz est retrouvé, presque mort, au fond de sa jungle, notre Marlow, un autre Rimbaud, tombe amoureux de la figure du maître des lieux, fasciné par l'extrémisme du vieil homme, touché par la réussite du parcours au sud-est de l'homme d'expérience. Kurtz était parti en son temps, il avait touché le Graal (l'ivoire), son alchimie fut son profit (argent et race), il est l'homme sans qualité de la situation occidentale et Rimbaud-Marlow (Rimbow) aime ça. Si Marlow n'écrit pas quant à lui des poèmes, il fait son rapport littéraire sur Kurtz (parce qu'il meurt à la fin du roman) et, comme un Rimbaud trop tôt devenu africain, il découvre l'horreur. Pour lui ce fut au bout de la route, chez Rimbaud c'était au départ.

« J'imaginais que le souvenir de Kurtz était pareil à tous les souvenirs d'autres morts, qui s'accumulent dans la vie de chaque homme – vague impression faite sur la mémoire par les ombres qui l'ont effleurée durant leur rapide et suprême passage. [...] [Kurtz] m'apparut ainsi dans une vision, couché sur son brancard, la bouche voracement ouverte, comme pour dévorer la terre tout entière avec toute l'humanité. Il surgit à ce moment devant moi, aussi vivant qu'il l'avait jamais été, ombre avide, de magnifique apparence et d'épouvantable réalité, ombre plus noire que l'ombre de la nuit et drapé noblement dans les plis de son éloquence éclatante. La vision parut pénétrer dans la maison en même temps que moi : la civière, les porteurs fantômes, la cohue sauvage des dociles adorateurs, l'obscurité de la forêt, l'étincellement du fleuve entre les courbes embrumées, le battement du tam-tam régulier et voilé comme le battement d'un cœur, du cœur des Ténèbres victorieuses. Ce fut un moment de triomphe pour la sauvagerie, une ruée envahissante et vengeresse que j'aurais, semble-t-il à refouler, seul pour le salut d'une autre âme[8]. »

On voit clairement la fin de l'homme occidental perdu dans la forêt originelle et sauvage, qu'il aurait retrouvée au bout de sa vie et de sa métaphysique. Le personnage de Kurtz chez Conrad représente ce que peut l'homme de raison quand son pouvoir pousse à l'extrême son commerce et son rêve de puissance. Kurtz meurt seul mais accompli, la sauvagerie est *sa poésie objective*, par-delà bien et mal. La poésie objective de Rimbaud veut cela autrement, inversé, déréglé, retourné. En effet, l'œuvre poétique s'initie dans la sauvagerie, ce qu'il nomme le nègre en lui, le barbare dans la société. Le *voyant* qu'il veut homme poète et homme politique en première instance est un philosophe-artiste en rupture de ban, mais ceci valant dès l'origine, dans l'enfance, par la jeunesse comme une essence.

Quand il arrive à Paris, enfin, Rimbaud tombe sur le colonel Kurtz. Ce dernier retourne mourir chez lui, il est vieux et mort. Alors que Rimbaud part à l'aventure,

---

8. Joseph Conrad, *Au cœur des ténèbres*, Paris, Gallimard, 1993, p. 253 et 254, (« L'Imaginaire »).

il commence vraiment, il croise sur sa route la fin de l'Occident (il y a bien Baudelaire et son nihilisme qui lui font signe mais il s'en fiche), il ouvre la voie de l'autre pays, l'autre contrée (Noël sur terre), il y a tout à faire à la maison, ce sera *la vraie vie*. Dans *Une saison en enfer*, Rimbaud décrit les conditions initiales de sa sauvagerie personnelle :

« Je n'ai jamais été de ce peuple-ci ; je n'ai jamais été chrétien ; je suis de la race qui chantait dans le supplice ; je ne comprends pas les lois ; je n'ai pas le sens moral, je suis une brute : vous vous trompez...[9] »

Ensuite le poète parle comme un sauvage qu'il est (on dirait Marlow prenant en note pour son rapport les paroles de Kurtz mourant) :

« Oui, j'ai les yeux fermés à votre lumière. Je suis une bête, un nègre. Mais je puis être sauvé. Vous êtes de faux nègres, vous maniaques, féroces, avares. Marchand, tu es nègre ; magistrat, tu es nègre ; général, tu es nègre ; empereur, vieille démangeaison, tu es nègre : tu as bu d'une liqueur non taxée [...]. Le plus malin est de quitter ce continent, où la folie rôde pour pourvoir d'otages ces misérables. J'entre au

---

9. Arthur Rimbaud, *Poésies, Une saison en enfer, Illuminations, op. cit.*, p. 182.

vrai royaume de Cham. Connais-je encore la nature ? me connais-je ? – *Plus de mots*. J'ensevelis les morts dans mon ventre. Cris, tambour, danse, danse, danse, danse ! Je ne vois même pas l'heure où, les blancs débarquant, je tomberai au néant[10]. »

Rimbaud n'est pas un *nègre* parce qu'il veut être un noir (ce n'est pas cela le chant dont on parle), il est un poète parce qu'il sait que nous sommes *nos nègres*. La *négrologie* rimbaldienne exige de tous la préférence du noir sur le blanc, et la non-parité des choses : *l'œuvre au noir* est le nom de l'humanité libre. Il ne s'agit pas de métaphysique et de grands principes, il est question de couleur de peau et de philosophie pour tous. Bien sûr que quand les blancs débarquent, ils massacrent. Heureusement que quand les noirs sont sauvés, l'humanité gagne et la vie se fait vraie.

(Tout va bien jusque-là : pas de psychologie de Rimbaud ici, ni de biographie du petit Arthur. On ne sait pas s'il est né et quand, on ne sait pas pourquoi il a quitté le foyer maternel pour partir à l'aventure.)

Voilà : Rimbaud débarque à Paris en 1870, il croise le colonel Kurtz qui revient d'Afrique et qui y est mort en vivant, et il a l'idée de faire la même chose

---

10. *Id., ibid.*, p. 182.

plus tard, sauf qu'il vient, lui, de la maison, qu'il n'y a pas rencontré la femme, que la sauvagerie est d'ores et déjà son fait et sa loi, que la marche vers la vraie vie se nommera désormais poésie. C'est cela le début de la vie d'Arthur Rimbaud, grand poète de France. Comme une naissance en barbarie, selon le chant et la danse des rebuts, contre la littérature des assis et des plantes vertes.

Dans *Illuminations*, le livre qu'il écrit en morceaux de jazz, Rimbaud pense que la musique redeviendra la forme humaine de la paix sur terre et de la vraie révolution politique. Le poème s'appelle *Barbare*. Il dit :

« Bien après les jours et les saisons, et les êtres et les pays,

Le pavillon en viande saignante sur la soie des mers et des fleurs arctiques ; (elles n'existent pas.)

Remis des vieilles fanfares d'héroïsme – qui nous attaquent encore le cœur et la tête – loin des anciens assassins[11]. »

Ainsi, le fameux *je* qui est un *autre* est-il totalement le poète qui prend la route pour sortir de la campagne française qu'il abhorre. Le poète quitte par

---

11. *Id., ibid.*, p. 232.

là le sauvage, ensauvagé lui-même, comme énervé d'amour et de haine. En pleine force de l'âge qu'il a jeune et solide, grand et beau. Une adolescence dans ses seize ans.

Le pavillon de la société des vieux n'est plus fiché dans sa chair.

Le sang des assassins n'est plus sa plaie quotidienne.

Il part.

Les morts en fanfare ne sont plus ses pères et les douceurs en chaleur ne sont plus ses mères.

Il voit la mer, il voit le froid, la science.

C'est parti pour lui.

Jusqu'ici (qui est écrit dans la lettre dite du « voyant », lettre pour le professeur quand sur le départ il lui explique son projet d'orientation dans la vie) :

« Maintenant je m'encrapule le plus possible. Pourquoi ? Je veux être poète, et je travaille à me rendre *Voyant* : vous ne comprendrez pas du tout, et je ne saurais presque vous expliquer. Il s'agit d'arriver à l'inconnu par le dérèglement *de tous les sens*. Les souffrances sont énormes, mais il faut être fort, être né poète, et je me suis reconnu poète. Ce n'est pas du tout ma faute. C'est faux de dire : Je pense : on devrait dire : On me pense. Pardon du jeu de mots. Je est un autre. Tant pis pour le bois qui se trouve violon, et nargue aux inconscients, qui ergotent sur ce qu'ils ignorent tout à fait[12] ! »

Pour comprendre Rimbaud, il faut comprendre ça :

Rimbaud *s'encrapule* en se transformant en *voyant*, ce n'est pas un sacerdoce et ce n'est pas non plus un sacrifice, c'est une science du devenir. Pas de poème de l'être en vue dans cette histoire de l'œil. Dans la seconde lettre de ce mois de mai 1871 et seconde version de cette conceptualisation du poète en voyant, Rimbaud précise qu'il assiste à l'éclosion de sa pensée comme un autre qui pense ce que lui pense, et que cela se fait sous forme d'un « coup d'archet », que cela « vient d'un bond sur la scène ».

On comprend ici que le Je est en totalité en scène et qu'il est la scène même. D'où l'idée que, quand *ça* pense, rien ne sorte de là qui ne soit moi, et que ce soit bien le tout qui joue, autrement dit le clairon et le cuivre, le violon et le bois. L'esprit et la matière. L'âme et le corps. L'ensemble mis en scène prendra chez Rimbaud le nom de *cœur* ou bien celui de Poème. Rimbaud explique lui-même de quoi est constitué le poème qui battra comme un cœur : il est fait d'amour,

----

12. Arthur Rimbaud, *Poésies, Une saison en enfer, Illuminations, op. cit.*, p. 84.

de souffrance et de folie. Il dit cela d'une autre manière dans la seconde lettre du voyant, en décrivant sa force surhumaine quand « il devient entre tous le grand malade, le grand criminel, le grand maudit – et le suprême Savant ! […] » Voilà tout.

Le poète n'est voyant que pour autant qu'il est savant, il n'est un sujet que pour autant qu'il est l'objet, une pensée pour autant qu'il est un cœur. La philosophie du voyant produira, en tout et pour tout, la poésie objective. La maison Rimbaud, sur cette scène, n'a rien à voir avec la maison Baudelaire : car il y a, dans le poème et dans la vie qui va avec, du travail de la cave au grenier, l'idéal et la mort n'en peuvent mais.

Un grand corps africain

Il y a ainsi un jeune poète qui s'opposa de toute son écriture et de toutes ses fibres humaines au meurtre généralisé et à la guerre de tous contre quelques-uns. Ce poète, à trente ans, était déjà un Africain. Ce philosophe, à dix-sept ans, était déjà un révolutionnaire et un créateur.

Son grand corps d'adolescent des Ardennes avait trois états ou produisait trois rêves : il se levait anar, il marchait situ et il gueulait antichrist. Les anarchistes et les situationnistes, au sujet de la vraie vie ou à propos de la ville et de son espace, rendront hommage à ce jeune homme des années 70 du XIXe siècle français. Les athéologues en feront de même dans les années 70 du XXe siècle quand il faudra, comme Nietzsche et Artaud l'écriront, en finir avec le jugement de dieu.

Il est un monde contre lequel ce jeune poète entra en résistance, un monde qui se surnomma outrageusement lui-même Occident et qui se déclara lui-même et sans vergogne contre toute vie, toute pensée et contre l'amour du genre humain.

Le jeune poète de la résistance découvrit certainement un jour une histoire qui se racontait comme suit :

[Kurtz] commençait par déclarer que, nous autres blancs, au point de développement où nous sommes parvenus, « nous devons nécessairement leur apparaître (aux sauvages) sous la figure d'êtres surnaturels – nous les approchons avec l'appareil d'une force quasi divine », et ainsi de suite. « Par le seul exercice de notre volonté nous pouvons mettre au service du bien une puissance presque illimitée, etc., etc. » C'est de là que, prenant son essor, il m'entraîna à sa suite. La péroraison était magnifique, bien qu'assez malaisée à retenir. Elle me donna l'impression d'une exotique Immensité régie par une auguste Bienveillance. Elle me transporta d'enthousiasme. J'y retrouvais le prestige sans limites de l'éloquence, des mots, de nobles mots enflammés. Aucune suggestion pratique qui rompît le magique courant des phrases, à moins qu'une sorte de note, au

bas de la dernière page, griffonnée évidemment bien plus tard et d'une main mal assurée, ne dût être considérée comme l'énoncé d'une méthode. Elle était fort simple et terminant cet émouvant appel à tous les sentiments altruistes, elle éclatait, lumineuse et terrifiante, comme le trait d'un éclair dans un ciel serein : « Exterminer toutes ces brutes. »

Quand on lit pour la première fois Joseph Conrad, et ce passage d'*Au cœur des ténèbres*, on se met à imaginer l'embarquement d'Arthur Rimbaud sur le fleuve Afrique. Ce qu'il fera après 1875 semble-t-il : Verlaine abandonné, la mère quittée et la mauvaise poésie avec.

Contre le catholicisme, contre le capitalisme, contre le nihilisme contemporain, donc contre la société des assis, il ne s'agit pas de suivre le tout jeune Rimbaud jusqu'en son Afrique, pour exterminer les méchants ou sauver les misérables. Rimbaud n'est pas un enquêteur ou un humanitaire des causes perdues, il est l'homme jeune et énergique que la science humaine attendait depuis les Lumières et que la modernité remet à l'ordre du jour chaque fois qu'elle veut faire une révolution ou bien quand il faut contre-attaquer au nom de la vie et de l'amour. Il s'agit bien alors de laisser Arthur Rimbaud à l'orée du grand Sud-Est qui l'aspirera pour l'aimer au moment de la jeunesse de la poésie et de l'enfance de son art. Ce sont de multiples phrases qu'il faudra lire et qui s'écriront, pour faire l'Afrique contemporaine d'*Une saison en enfer* et des *Illuminations*.

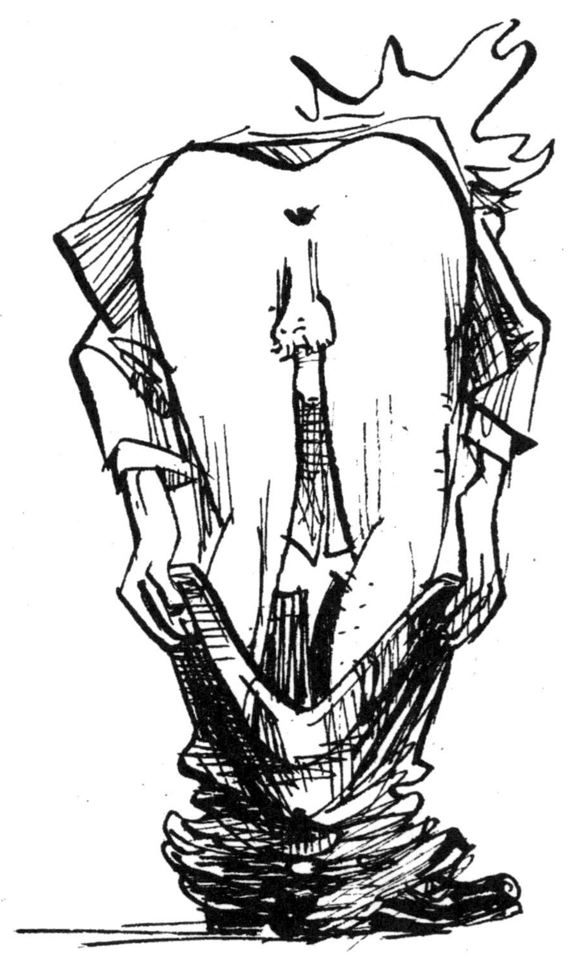

Les vies de Rimbaud sur terre

Le voyage de Rimbaud, je peux le raconter si je veux, car j'étais avec lui tout le temps.

Sans surprise, un essai sur Rimbaud peut commencer comme un premier roman écrit en français par Samuel Beckett pendant les années de guerre.

On peut dire alors que tout Rimbaud, la vie et l'œuvre, tient entre le début de *Mercier et Camier* de Beckett[13], l'écrivain irlandais et homme de théâtre du xxe siècle, et la fin de ce roman de 1947, quand on lit les dernières sublimes lignes qui font penser à Descartes tout autant qu'à Rimbaud :

« Seul il regarda son ciel s'éteindre, l'ombre se parfaire. L'horizon englouti, il ne le quitta pas des yeux, car il connaissait ses sursauts, par expérience.

---

13. « Le voyage de Mercier et Camier, je peux le raconter si je veux, car j'étais avec eux tout le temps », *in* Samuel Beckett, *Mercier et Camier*, Paris, Éditions 10/18, 1970, p. 7.

Dans le noir il entendait mieux aussi, il entendait des bruits que le long jour lui avait cachés, des murmures humains, par exemple, et la pluie sur l'eau[14]. »

La vie de Rimbaud, c'est comme la fabrication de l'inconnu à tous les étages, on n'en sait rien, mais on peut en dire ce que l'on veut, c'était la libre liberté et vraie vie : on n'imagine pas ce que cet enfant puis cet adolescent ont réussi à faire, écrire et dire parce qu'ils étaient libres. La liberté du lecteur de Rimbaud consiste d'abord à dire tout ce qui lui passe par la tête quand il lit ce qu'il lit et comprend ce qu'il comprend. Il y aura alors à donner des idées au sujet de Rimbaud et la révolution, Rimbaud et la vie, Rimbaud et la matière, Rimbaud et Dieu, Rimbaud et la femme, Rimbaud et la lumière, Rimbaud et la démocratie, Rimbaud et la poésie.

Aucune histoire de la vie de Rimbaud, aucune biographie, aucun dossier, n'est satisfaisant ou suffisant pour croire que l'on peut comprendre Arthur Rimbaud : il faut se taper les écritures, il faudra lire, écrire soi-même, pour essayer de comprendre. Or je veux faire savoir l'existence réelle du Rimbaud philosophe et artiste, l'homme jeune et beau qui est né par hasard

---

14. Samuel Beckett, *Mercier et Camier, op. cit.*, p. 181.

au XIXe siècle et qui est vivant objectivement dans les poèmes et les essais des vrais écrivains du XXIe siècle.

Il faut bien le dire : tout ce que je raconte sur Rimbaud pourra être retenu contre moi et j'avoue que cela ne se justifie et légitime que par mes lectures personnelles, toute ma subjectivité et ma compétence individuelle à écrire des phrases amoureuses des vers de Rimbaud et des textes du poète français et communard.

Comme pour Artaud (le cher poète), comme pour Nietzsche (le cher philosophe), il n'y a rien à savoir de spécial sur ce qu'ils furent (manger, boire, voyager, dormir, aimer, travailler) mais il faut tout montrer des écritures qu'ils réalisèrent, à savoir tout ce qu'ils inventèrent et créèrent dans le domaine de la vraie vie et de la pensée vivante. Quand c'est écrit, c'est vécu. Une illumination de Rimbaud, comme un cahier d'Artaud ou une série d'aphorismes de Nietzsche, c'est d'abord Rimbaud, Artaud et Nietzsche qui sont à la maison, les coudes sur la table, souriants et en train de siroter un verre de vin ou une tisane à la veillée.

Rimbaud, c'est une route qu'il faut suivre.

Pour lire l'œuvre-vie de ce poète-là, on doit avoir en tête des récits et des romans qui ont raconté des retours et des départs, des conversions et des manifestations : la littérature expérimente des vies comme celle de Rimbaud dans les romans initiatiques de Joseph Conrad ou de Samuel Beckett, dans un essai sur le théâtre d'Antonin Artaud ou un récit de survivant de Robert Antelme. On peut bien inventer la vie qui va avec les écritures de Rimbaud. Avec un livre qui se nomme *Une saison en enfer* et un recueil anarchique de textes titré *Illuminations*, Rimbaud donne le ton et la direction de ce que doit être un essai critique sur son œuvre et sa vie : je pense en tant que lecteur amoureux des poètes qu'*Au cœur des ténèbres* de Conrad et *Mercier et Camier* de Beckett donnent une idée assez juste de ce que fut la vie réelle de Rimbaud. Sans chercher à savoir la vérité mais en touchant du doigt et des yeux, une âme et un corps, la beauté du devenir-Rimbaud. Et il faudra beaucoup aimer.

J'aime lire Rimbaud dans le roman de Joseph Conrad qui raconte la remontée du fleuve Occident en Afrique de la part de Marlow à la recherche de la Station Intérieure et de l'horreur perpétrée par le colonel Kurtz. On se croit dans un film de série B américain alors qu'il s'agit à l'évidence du mythe moderne de la fin du monde occidental pour cause de nihilisme religieux et d'antihumanisme antimoderne et primaire. À côté de l'épopée de Marlow au cœur de l'Afrique des fantômes tueurs de l'Occident, Rimbaud en sa saison infernale fait plutôt figure d'antipoison et de tenant moderne et affirmatif du progrès, de la vraie vie humaine et en tous points non fasciste.

Marlow dans *Au cœur des ténèbres* est le Rimbaud que l'abandon de la poésie aurait permis si ce dernier avait continué l'écriture et la littérature envers et contre tout. C'est l'hypothèse de travail qu'il me faut ici pour raconter la vie de Rimbaud sur le bateau à vapeur emprunté par Marlow pour remonter vers le mal capitaliste et la mort religieuse.

On peut imaginer un instant ce que fut la vie de Rimbaud en lisant un passage du roman de Conrad. Marlow est sur le fleuve, il pilote un bateau à vapeur en piteux état, l'équipage fait de pèlerins blancs et d'hommes noirs aux ordres défile le long de la forêt et des peuplades autochtones : ça hurle, ça secoue, ça vrombit et Marlow voit le sauvage, l'autre dans un long travelling parallèle face à l'Afrique.

« La terre en cet endroit n'avait pas l'air terrestre. Nous sommes habitués à considérer la forme entravée d'un monstre asservi ; mais là on découvrait le monstre en liberté. Il était surnaturel, et les hommes étaient… Non, ils n'étaient pas inhumains. Voyez-vous, c'était là le pire, ce soupçon qu'on avait qu'ils n'étaient pas inhumains. On y arrivait petit à petit : Sans doute, ils hurlaient, bondissaient, tournaient sur eux-mêmes, faisaient d'affreuses grimaces, mais ce qui saisissait, c'est le sentiment qu'on avait de leur humanité pareille à la nôtre, la pensée de notre lointaine affinité avec cette violence sauvage et passionnée […] Mais pour peu qu'on en eût le courage, il fallait bien convenir qu'on avait en soi une sorte d'indéfinissable velléité de répondre à la directe sincérité de ce vacarme, l'impression confuse qu'il s'y cachait un sens que vous étiez, vous si loin de la nuit des âges, capable de comprendre… Et pourquoi pas ! L'esprit de l'homme contient tous les possibles, parce que tout est en lui, tout le passé comme tout l'avenir. Qu'y avait-il là-dedans après tout ? Joie, frayeur, douleur, vénération, courage, colère, qui saurait le dire ? De la vérité en tout cas, de la vérité dépouillée des oripeaux du temps.[15] »

Le début de la fin de la vie de Rimbaud, ce fut au moins cela : ce qu'on appelle un voyage, ce qu'on appelle un départ, ce que l'on sait être la partance pour l'inconnu.

---

15. Joseph Conrad, *Au cœur des ténèbres, op. cit.*, p. 162 et 163.

Création de l'humanité
fraternelle et discrète

Il y a des phrases chez Rimbaud, dans les lettres et surtout dans *Illuminations*, qui font penser à certains slogans de Saint-Just pendant la Révolution française, comme « La liberté ne doit pas être dans un livre, elle doit être dans le peuple, et réduite en pratique. » Et plus près de nous, cela fait penser à des phrases de Dionys Mascolo, l'ami de Robert Antelme, l'écrivain français qui a écrit *L'Espèce humaine* après son retour des camps de concentration nazis, des phrases sur la liberté et la vie non fasciste comme « Par un mouvement de participation qui vient du fond des âges, ils cherchaient à regagner quelque chose de la vertu qu'ils sentaient les déserter, là où cette vertu depuis un mois se manifestait avec une ampleur grandissante. Ils allaient dans la rue chercher le pouvoir. Il y était donc bien. »

La rue est bien le lieu de la poésie de Rimbaud, définitivement. Et la phrase permet d'écrire la révolution (changer la vie) et de lui donner le temps qu'il faut pour avoir lieu entre la majuscule et le point. Car les vers chez Rimbaud ne sont pas libres au point de ne pas prendre la majuscule et le point, ils sont libres absolument parce qu'ils désignent toujours l'homme avec un grand H et parce que cet homme est nécessairement le point central de la perspective, c'est lui qui mesure et c'est lui qui invente. Les phrases de Rimbaud sont autant de rues pour inventer la nouvelle ville humaine, très humaine.

Comme à Chicago ou à Barcelone, des rues comme des couloirs et des circuits, des trames et des fils : en fait, toute une poésie de l'espace théâtral comme la rêvait Antonin Artaud dans *Le Théâtre et son double*. Pour comprendre jusqu'où remontent les phrases de Rimbaud (des poèmes, des lettres, des illuminations), je veux proposer un théâtre qui se montrerait comme une ville, une ville qui se donnerait comme un livre. On voit venir ici les idées d'Artaud sur le théâtre de la cruauté mais encore les vies vécues par Antelme en camp de concentration.

Ce sera de plus une lecture de ce qui chez Rimbaud explique la crise occidentale du monde moderne :

après la Commune et après le surréalisme, la poésie selon Arthur Rimbaud est une critique manifeste et radicale du fascisme français comme meurtre de l'autre. Rimbaud est donc bien l'embarqué du rafiot qui remonte le fleuve jusqu'à l'antre horrifique de Kurtz dans *Au cœur des ténèbres* de Joseph Conrad.

Le fleuve dans *Au cœur des ténèbres*, la route dans *L'Espèce humaine*, la peste et l'anatomie dans *Le Théâtre et son double* sont autant de phrases et de rues pour comprendre les lieux et les époques que la poésie de Rimbaud a créés.

Tous les chemins sèment vers Rimbaud, toutes les routes avancent, tous les jeux sont faits.

La révolution est une marche au désir toujours et à la création d'abord.

La révolution, Rimbaud, le théâtre, le double : c'est ce qu'on lit en clair chez Antonin Artaud (et qui ne démérite pas comme saison en enfer ou comme lieu commun pour l'espèce humaine) et que l'homme du théâtre de la cruauté intitula *En finir avec les chefs-d'œuvre* :

« Une des raisons de l'atmosphère asphyxiante, dans laquelle nous vivons sans échappée possible et sans recours – et à laquelle nous avons tous notre part, même les plus révolutionnaires d'entre nous –, est dans ce respect de ce qui est écrit, formulé ou peint, et qui a pris forme, comme si toute expression n'était pas enfin à bout, et n'était pas arrivée au point où il faut que les choses crèvent pour repartir et recommencer. [...] Laissons aux pions les critiques de textes, aux esthètes les critiques de formes, et reconnaissons que ce qui a été dit n'est plus à dire ; qu'une expression ne vaut pas deux fois, ne vit pas deux fois ; que toute parole prononcée est morte et n'agit qu'au moment où elle est prononcée, qu'une forme employée ne sert plus et n'invite qu'à en rechercher une autre, et que le théâtre est le seul endroit au monde où un geste fait ne se recommence pas deux fois. [...] Le public, qui prend le faux pour du vrai, a le sens du vrai et il réagit toujours devant lui quand il se manifeste. Pourtant ce n'est pas sur la scène qu'il faut le chercher aujourd'hui, mais dans la rue ; et qu'on offre à la foule des rues une occasion de montrer sa dignité humaine, elle la montrera toujours[16]. »

---

16. Antonin Artaud, *Le Théâtre et son double*, Paris, Gallimard, 1964, p. 115 à 118, (« Idées »).

Artaud écrit ce texte entre 1934 et 1936, à une époque où l'art doit se faire politique pour avoir une chance de vivre la prochaine révolution humaine.

Ce que pensait et écrivait Artaud dans *Le Théâtre et son double* vaut d'abord aujourd'hui pour le poème : le théâtre, comme il en parle et comme il le veut, c'est la poésie, rien d'autre.

Et il faut ajouter le politique et la révolution dans ce programme.

Comme un Rimbaud du théâtre au XXe siècle, Artaud attend tout d'une *humanité fraternelle et discrète* qui retrouverait sur scène et par les gestes la possibilité d'un monde non fasciste, non spectaculaire. En une formule très moderne et très ouverte, il définit cet art nomade et productif, un théâtre et une poésie, qui changera la vie : ce serait un théâtre (une vie) qui *raconterait l'extraordinaire* et qui serait *une force exceptionnelle de dérivation*.

On peut penser assez logiquement que l'écriture de Rimbaud au-delà de 1875 (l'abandon de la forme poétique) se fait révolution théâtrale chez Artaud à partir de 1936 : la rencontre avec les Indiens du

Mexique correspondrait alors à la découverte chez Rimbaud de cette prose révolutionnaire dans les *Illuminations*, des fragments, des secousses, des visions, le réel enregistré tel quel.

Rimbaud et Artaud, au nom de l'humanité libre et forte, sont les *scénopoètes* (expression empruntée à Gilles Deleuze) que la poésie cherche à faire naître dans ses phrases et selon ses actes politiques. Faire de Rimbaud un *scénopoète* ou poète de la rue cela signifie qu'il y a une politique dans *Une saison en enfer* et une révolution dans les *Illuminations* que l'on peut suivre à la lettre dans le livre d'Antonin Artaud sur son théâtre (nommons cette autre scène : la contre-société du spectacle).

Ici par exemple : « Quels que soient les conflits qui hantent la tête d'une époque, je défie bien un spectateur à qui des scènes violentes auront passé leur sang, qui aura senti en lui le passage d'une action supérieure, qui aura vu en éclair dans des faits extraordinaires les mouvements extraordinaires et essentiels de sa pensée – la violence et le sang ayant été mis au service de la violence de la pensée –, je le défie de se livrer au-dehors à des idées de guerre, d'émeute et d'assassinats hasardeux[17]. »

---

17. Antonin Artaud, *Le Théâtre et son double, op. cit.*, p. 127.

Ou encore ici : « Nous voulons faire du théâtre une réalité à laquelle on puisse croire, et qui contienne pour le cœur et les sens cette espèce de morsure concrète que comporte toute sensation vraie. De même que nos rêves agissent sur nous et que la réalité agit sur nos rêves, nous pensons qu'on peut identifier les images de la poésie à un rêve, qui sera efficace dans la mesure où il sera jeté avec la violence qu'il faut. Et le public croira aux rêves du théâtre à condition qu'il les prenne vraiment pour des rêves et non pour un calque de la réalité ; à condition qu'ils lui permettent de libérer en lui cette liberté magique du songe, qu'il ne peut reconnaître qu'empreinte de terreur et de cruauté. D'où cet appel à la cruauté et à la terreur, mais sur un plan vaste, et dont l'ampleur sonde notre vitalité intégrale, nous mette en face de toutes nos possibilités[18]. »

Pour identifier les images de la poésie à un rêve efficace.

Ce que peuvent la poésie et le politique, humainement.

Cet essai critique ne veut rien d'autre que cela : faire savoir que la réalité à laquelle il faut croire a eu

---

18. *Id., ibid.*, p. 133 et 134.

son lieu dans l'écriture d'Arthur Rimbaud, faire savoir que le théâtre d'Antonin Artaud aura été l'autre lieu de cette écriture, sur scène et dans la rue.

Critique et clinique du monstre
(Rimbaud par Rivière)

Jacques Rivière, le grand critique et directeur de la NRF qui dans les années 1920 fit dire à Antonin Artaud quel immense poète il était en recevant la parole de son impuissance c'est-à-dire son poème, produisit en 1914 un essai étonnant sur Arthur Rimbaud. À une époque où déjà n'importe qui (Claudel ou le beau-frère du poète) racontait n'importe quoi sur le génie de Rimbaud, son héroïsme et pourquoi pas son mysticisme.

Rivière dans son livre sur Rimbaud fait cette mise au point :

« [Rimbaud] veut être seul : *Peut-être que tu aurais raison de beaucoup marcher et lire. Raison en tout cas de ne pas te confiner dans les bureaux et maisons de famille. Les abrutissements doivent s'exécuter loin de ces lieux-là*

[Lettre à Delahaye de juin 1872]. Il s'établit délibérément hors de toute sympathie humaine. Car — et voici que nous touchons au secret de Rimbaud — le mal dont il souffre, ce n'est pas une injustice dont il puisse souhaiter la réparation ; c'est un tourment personnel, réservé, qui lui a été donné en partage comme un mystérieux privilège. Pour bien comprendre la nature de ce privilège, il nous faut considérer cette âme de plus près, il faut la débrouiller plus profondément que nous n'avons su le faire jusqu'ici. Tâchons d'atteindre en elle le caractère qui nous donnera la clef de ses humeurs et de son génie[19]. »

Le Rimbaud qui apparaît à l'occasion de ce commentaire de Jacques Rivière est celui qui refuse en insultant et en faisant des gamineries la lecture de Claudel et de Bonnefoy. Il faut comprendre cela pour avoir une petite idée de ce que put le poète-enfant dans la société bourgeoise ou bohème du début des années 70 du XIXe siècle en France.

C'est la manière de Rivière qui légitime un nouvel essai sur Rimbaud, seulement cela : l'humble enquête

---

19. Jacques Rivière, *Rimbaud. Dossier 1905-1915*, Paris, Gallimard, 1977, p. 89, (« Blanche »).

au sujet d'un mystérieux privilège, ce que l'enfant chez le poète n'expose pas mais ce que le poète dans l'enfant hurle de tous ses poumons.

Il est aussi un poète contemporain, objectiviste et rimbaldien dans la politique du poème qu'il instaure, qui légitime ce geste de lever le mystère pour montrer qu'il s'agit pour tous d'une expérience commune et belle, il se nomme Frank Smith, il proposa cette méthode :

« Capte, et entrecroise les trames du familier quotidien, et glace, et fige les ressources d'une autorité, d'une obéissance, d'un pouvoir, et infléchis dans une autre direction, et transperce le brouillard autour de chacun, et ne sombre pas dans la peur généralisée, et sois objet d'exécration si besoin, et ne t'exerce qu'à partir d'une imperfection que tu entends réparer, et considère les détails sans importance, et dérive en pensée les espaces et les temps, et n'accorde pas de singularité fondamentale à l'écriture, et n'appartiens pas au silence mais décris les gestes qui fondent[20]. »

---

20. Frank Smith, *Chœurs politiques*, Bordeaux, Éditions de l'Attente, 2017, p. 55.

C'est tout ce que je nomme, pour le pratiquer ici, comme le poète, objectivement : *marier des horizons.*

Le poète Frank Smith au début de ce livre publié en 2017 pose la question que Rimbaud faisait tourner dans son entêtement en 1870 entre l'école et la maison de la mère, toujours au bord du départ vers son Afrique, vers la vie. Cette question, la seule question : « Comment, comment dans l'ordre des discours enfin prendre la parole[21] ? »

La réponse qui consistera au cours du livre à marier les horizons est une réponse politique, quand la poésie dans le livre croise, conjugue, coordonne, cosigne les humanités objectives en présence.

Rimbaud en tant qu'inventeur de l'idée d'une poésie objective et concrète est le lieu de naissance des phrases de Frank Smith. Pour bien comprendre Rimbaud aujourd'hui, il faut lire objectivement les répliques de Frank Smith dans *Chœurs politiques* :

« Pars dans l'histoire minuscule, et pars vers les existences infortunées, et réfère-toi au réel, et opère à

---

21. *Id., ibid.*, p. 11.

l'intérieur du réel, et intéresse-toi à ce qui passe sans trace, à ce qui file dans des particules dotées d'une énergie d'autant plus grande qu'indiscernable, et traverse-toi d'ardeur impérative, elle existe, et ressaisis les choses en elles-mêmes, elles existent, et parle des paroles brèves et stridentes, et vis les choses comme si elles étaient vivantes[22]. »

La poésie objective de Frank Smith fait comprendre la poésie du réel de Rimbaud : le phrasé produit mot à mot un *nouveau langage* qui est aussi un nouveau mode d'existence.

On part.

On ne possède rien.

On se réfère au seul réel.

On opère à l'intérieur du réel.

On se traverse soi-même.

On est dur d'une ardeur impérative.

On prend les choses à la main.

On parle en rythmant.

On re-vit en sur-vivant.

---

22. *Id.*, *ibid.*, p. 55 et 56.

Tout le commentaire que fera Jacques Rivière de la vie et de l'œuvre de Rimbaud tient à ce nouveau langage que le poète inventa en le voyant et en le rendant au réel.

À l'époque de Rimbaud, un autre poète, un autre voyant cherchait ce langage nouveau, cette philosophie de la vie nouvelle, je veux parler de Nietzsche qui, quelques années avant la mort du poète, écrivit ces lignes sur les écrivains et la littérature à la fin du XIXᵉ siècle – sur *les derniers grands chercheurs* :

« Tous obsédés par la littérature au point d'en avoir plein les yeux et les oreilles – ce furent les premiers artistes d'une culture littéraire universelle, le plus souvent eux-mêmes écrivains, poètes, habiles à combiner, à mélanger les arts et les sensations ; tous fanatiques de l'*expression* à tout prix, tous grands découvreurs au royaume du sublime aussi bien que de la laideur et de la hideur, plus grands découvreurs encore en matière d'effets, de mise en scène, d'étalage, tous doués de talents qui surpassaient de beaucoup leur génie, virtuoses consommés avec un sens remarquablement aigu de tout ce qui séduit, égare, contraint, bouleverse, ennemis nés de la logique et de la ligne droite, avides de ce qui est étrange, exotique, monstrueux, tortueux, contradictoire ; Tantales de volonté, plébéiens parvenus, incapables de donner à leur vie et à leur création une allure noble, un *lento* aristocratique, travailleurs acharnés qui se tuèrent presque de travail, non conformistes et révolutionnaires dans leurs mœurs, ambitieux et insatiables, dépourvus d'équilibre et ne sachant jouir de rien; tous en fin de compte se brisant et s'écroulant au pied de la Croix (et ceci à juste titre car lequel d'entre eux aurait été assez profond et libre pour concevoir une philosophie de l'*Antéchrist* ?)[23]. »

Ce sont là les hommes de lettres, les poètes et philosophes, maîtres maudits du *discours impur*, en un mot ceux que Nietzsche appelait les *hommes supérieurs* (ou les *révolutionnaires*), mais pas supérieur au sens d'installés tout en haut mais au sens de *mis devant*, prenant tous les risques, que ce soit le risque de la bêtise infinie ou celui du génie absolu. C'est ce que Rimbaud initia en 1870 : la littérature *allée* avec la philosophie de l'Antéchrist, évidemment. La

---

23. Friedrich Nietzsche, *Par-delà bien et mal*, trad. (allemand) de Cornélius Heim, Paris, Gallimard, 1971, p. 207, (« Idées »).

philosophie et la littérature inventées en dehors de la morale, du troupeau et de la vie fasciste des prêtres et des États.

« Si, depuis que les hommes existent, des troupeaux humains ont toujours existé (associations raciales, communautés, tribus, nations, États, Églises) et s'il y eut toujours une très grande majorité de sujets pour une minorité de maîtres, si par conséquent c'est l'obéissance qui a été le mieux et le plus longtemps inculquée aux hommes et pratiquée par eux, on peut en conclure légitimement que chacun, d'une manière générale, éprouve maintenant le besoin inné d'obéir, comme une sorte de conscience formelle qui ordonne : "Tu dois absolument faire telle chose, tu dois absolument t'abstenir de telle autre", bref : "Tu dois". Ce besoin cherche à s'assouvir et à remplir sa forme par un contenu ; c'est pourquoi il entre en œuvre selon sa force, son impatience et sa tension, sans choisir beaucoup, à la manière d'un appétit grossier, et accepte tout ce que les instances de commandement lui cornent aux oreilles – parents, maîtres, préjugés de classe, opinion publique. Le caractère limité de l'évolution humaine, ses hésitations, ses lenteurs, sa marche souvent rétrograde et aberrante provient de ce que l'instinct grégaire de l'obéissance est celui qui s'hérite le mieux et qu'il se fortifie au détriment de l'art de commander[24]. »

On lit donc ensemble, dans les années 10 d'un début de siècle fait pour les grandes guerres et les assassins, le philosophe et le poète, et c'est un critique français, Jacques Rivière, qui fait la combinaison. Dans un livre sur Rimbaud, il fait confiance au poète pour commander ce qu'il écrit et pour individualiser son destin d'homme libre et aux semelles de vent. Rivière ose adresser à Rimbaud (disparu il y a moins de vingt ans en arrière) un « je me dois » poétique que les plus libres des philosophes français de l'époque n'osaient même pas penser pour une nouvelle philosophie et un nouveau monde : avec sa lecture de Rimbaud, Rivière anticipe le surréalisme et le communisme dans les lettres françaises. Rien de moins, et toutes les intuitions présentes dans son essai forment un manifeste pour une morale rimbaldienne ou pour une révolte moderne, d'abord moderne.

---

24. *Id.*, *ibid.*, § 199, p. 122.

Les phrases de Jacques Rivière sont autant de créations littéraires pour une compréhension fine et radicale du Rimbaud éternel, le Rimbaud qui a pour toujours les vingt ans de sa souveraineté créatrice. C'est encore Nietzsche qui donnera le tempo de la connaissance de Rimbaud :

« Aujourd'hui où, en Europe, l'animal grégaire est le seul à recevoir et à dispenser les honneurs, où l'"égalité des droits" pourrait très bien se muer en égalité des non-droits, je veux dire en réprobation générale de tout ce qui est rare, insolite, privilégié, en haine de l'homme supérieur, de l'âme supérieure, du devoir supérieur, de la souveraineté créatrice[25]. »

Ainsi parlait Jacques Rivière au sujet d'Arthur Rimbaud.

« Rimbaud commence par la colère et par l'injure[26]. »

En 2018, la chose tient encore. Les poèmes et les fragments du poète jeune sont des coups de poing à

---

25. *Id., ibid.*, § 199, p. 150.
26. Jacques Rivière, *Rimbaud. Dossier 1905-1915, op. cit.*, p. 6.

l'estomac et des prises de tête, à chaque lecture. Si on cherche à comprendre, on le fait en direct du gauche au moment où la lecture a lieu. La poésie selon Rimbaud avance à la fin du monde et à la guerre aux assis, aux morts-vivants et aux bourgeois. Il faut être d'accord avec Rivière quand sa critique devient la remontrance du père de famille qui ne supporte plus les bêtises et les grossièretés proférées par les progénitures et les foutrons de la maisonnée : le critique père de famille reconnaît toutefois qu'il ne s'agit pas de cela avec le fils Rimbaud, il y a autre chose, il y a le grave et le sérieux que l'adolescent met à vouloir détruire pour créer, danser et tomber à la fois :

« C'est presque le transport d'une satisfaction organique. Quelle anormale compétence dans la façon dont il encanaille les mots les plus bénins en leur forgeant des désinences incongrues ! On dirait qu'il leur rend la forme qu'ils doivent avoir pour lui, qu'il les rétablit dans leur indignité originelle. Jamais homme n'eut plus naturelle la faculté de travestir, de défigurer, de souiller. [...] Son âme est seule dans le temps; elle est traversée par le souffle désert de la totale liberté[27]. »

---

27. *Id., ibid.*, p. 78.

Rivière parle alors d'un *vide brûlant et féroce* ou encore d'une *flamme négative* dans la forme-Rimbaud d'existence poétique. Ce qui permet au lecteur enhardi et sans préjugés de comprendre que sur ce terrain ni le bien ni le mal, ni la foi ni la loi, ne font une morale, car il n'y a plus de morale, il advient la souveraineté créatrice et l'individu révolutionnaire. Décidément ce poète jeune est une insulte vivante qui fut faite à la vie fasciste et à la vie bourgeoise lors d'une fin de siècle somme toute positive et culturellement au top.

« Rimbaud est toujours en état de légitime offense[28]. »

En paraphrasant ce que Jacques Rivière dit de cette légitime offense on comprend que tout chez Rimbaud est une recherche positive du faire mal puis du gai savoir – la vérité n'est pas un vain mal et un simple mot chez le poète jeune, il y va de l'avenir de l'humanité et ce qui gagnera sur l'adversaire sera nécessairement la venue au monde d'un nouveau, d'un autre, d'un bonheur. *Ainsi tant pis pour nous ni nous sommes en repos ! Lui est en guerre.* L'addition à la fin est pour

---

28. *Id., ibid.*, p. 83.

lui et l'échec sera une révolution qui aura eu lieu de toute façon : deux livres incontournables auront été écrits dans ce but, les deux en même temps et pour des lectures interminables au XXe siècle. Il y aura *Une saison en enfer* pour marquer au sang le temps des assassins et il y aura *Illuminations* pour manifester ce que peut la révolution des besoins humains.

On voit pourtant que Rivière lui-même ne parvient pas à jouer la haine de Rimbaud gagnante jusqu'au bout, il sent que le poète *se rue au hasard* : quand il en a contre les versaillais au moment de la Commune de Paris, il l'a aussi contre les communards. Dans le poème de 1872, *Vertige*, il hurle contre tout ce qui bouge, l'ordre et la vie, la rue et le palais.

Rivière explique, distant et étonné (il commente la fin du poème quand Rimbaud assène : *Tout à la guerre, à la vengeance, à la terreur,/ Mon esprit ! Tournons dans la morsure : Ah, passez,/ Républiques de ce monde ! Des empereurs,/ Des régiments, des colons, des peuples : assez !*) :

« Cette impartialité de la fureur, cette égalité de la rage trahissent l'étrange détachement où est Rimbaud des objets qu'il harcèle avec le plus d'acharnement. Il les déteste, il les attaque, mais en même temps, il les maintient à distance, il leur impose un espace d'avec lui où viennent s'égaliser toutes leurs petites différences, se perdre les nuances et les degrés de leur ignominie. Il nous poursuit, il s'attaque à chacun de nous, mais en même temps il recule, il se sépare de nous tous, il se tient à l'écart dans un étonnement scandalisé[29]. »

« *Courbé, grimaçant, abruti, Rimbaud crache, il dit non*[30]. »

Pour créer une humanité discrète et fraternelle, le poète jeune a très peu de forces physiques et très peu de rêves disponibles : il marche depuis toujours, en sortant de l'école, en quittant le foyer maternel. Il aime marcher. On peut voir, là encore, dans toute cette jeunesse qui dit non un redoublement, à la même époque, lors de la même fin de siècle, de la démonstration de Nietzsche alors que dans *Par-delà bien et mal* il assène un non glorieux à tous les imbéciles de la Morale établie.

---

29. *Id., ibid.*, p. 85.
30. *Id., ibid.*, p. 88.

« Ce monde, qui nous importe, où nous avons à craindre et à aimer, ce monde presque invisible et inaudible d'ordres subtils, d'obéissance subtile, monde de la nuance à tous égards, épineux, trompeur, aigu, délicat, certes il est bien protégé contre les spectateurs balourds et l'indiscrétion des curieux ! Nous sommes enserrés dans un tissu rigide de devoirs et ne *pouvons* en sortir ; c'est que nous sommes des "hommes de devoir", nous aussi ! Parfois, il est vrai, nous dansons dans nos "chaînes" ou parmi nos "épées"; plus souvent, c'est vrai aussi, nous maugréons et nous dépitons de la secrète dureté de notre destin. Mais nous avons beau faire : les imbéciles et les apparences ne cessent de nous dire : "Ce sont des hommes *sans* devoir." Nous aurons toujours contre nous les imbéciles et les apparences[31] ! »

Il est donc une *autre* morale, qui est une morale, qui est une souveraineté, qui est une création, création de phrases, création de marches et de sociétés secrètes à l'intérieur desquels la jeunesse peut vivre et respirer, ce qui pour elle signifie inventer et opposer. Dire son

---

31. Friedrich Nietzsche, *Par-delà bien et mal op. cit.*, § 226, p. 164 et 165.

droit sous la forme inédite d'un mode d'existence, ou d'un poème en prose, d'une prose poétique. L'écriture de Rimbaud se fait la plus poétique pensable quand elle ne dit pas ce qu'elle est, d'un poème ou d'un roman, d'un essai ou d'un chant. Puisqu'elle est, cette écriture, tout cela à la fois. C'est la puissance de sa présence continuée dans un livre en édition de luxe ou dans un livre de poche. Une phrase chez Rimbaud vaut pour un pas de plus, pour une individuation qui se met en scène elle-même, le théâtre du moi, pas son culte, pas son affirmation. Le poète jeune l'évoque dans une lettre à son ami Delahaye, ce phrasé tout personnel qui passe par une danse qui individue : *tu auras raison de beaucoup marcher et lire*. C'est tout simple en effet.

« *Rimbaud c'est l'être exempt du péché originel*[32]. »

Jacques Rivière le dit sans aucune métaphore : Dieu a laissé échapper Rimbaud de ses mains sans l'avoir abîmé, faussé, flétri, cassé, blessé, sans l'avoir préparé à la mort et à l'erreur. Dieu *a oublié*, écrit Rivière, *d'ôter*

---

32. Jacques Rivière, *Rimbaud. Dossier 1905-1915, op. cit.*, p. 92.

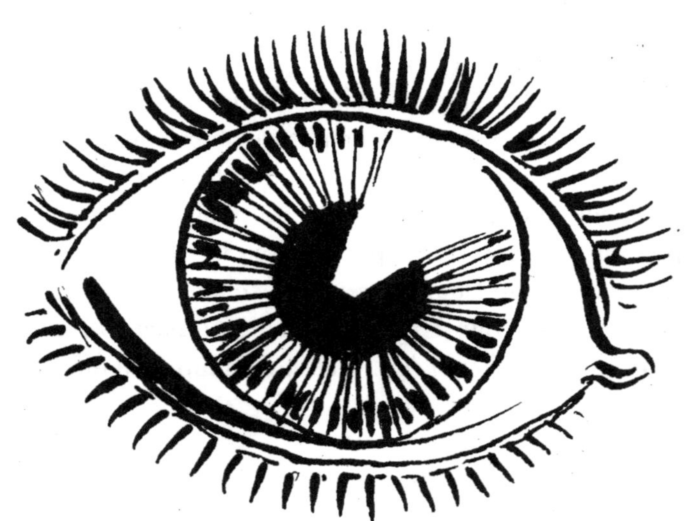

quelque chose à l'âme de Rimbaud. Le poète jeune a tout, il l'a d'origine, il est parfait de tous les côtés, sur toutes les faces. On comprend que Rimbaud possède une dose plus forte de réalité. Quand il écrit, il voit, c'est là.

De la même manière que précédemment, comme il faut le comprendre ici, quand on veut faire du poète jeune le parangon de la colère postmoderne ou mieux le prophète matérialiste de la possibilité d'un autre communisme (surréaliste et sans dieu ni maître), on peut lire Rivière comme s'il parlait de Nietzsche, de la critique nietzschéenne de l'humanité, ou de l'affirmation nietzschéenne de l'amour du genre humain, c'est la même chose. On le lit dans ce passage du *Rimbaud* de Rivière :

« Joie ou malheur, nous sommes ceux pour qui ça fonctionne bien. Le bonheur, après tout, n'est pour nous que supplémentaire ; ce n'est que par acquit de conscience que nous nous plaignons de ne le pas obtenir ; la proportion si infime pour laquelle il entre dans la vie, au fond est justement calculée. En d'autres termes, nous sommes dans une harmonie profonde avec cette vie ; nous nous arrangeons toujours avec elle, quelque tour qu'elle nous joue ; nous sommes ses complices. Voilà ce que Rimbaud exècre en nous, lui qui de tout son être est en malaise avec elle, lui qui, du fait même qu'il respire, la condamne et la rejette, lui pour qui – joie ou malheur – elle est toujours offensante. Du même mouvement dont il repousse la vie, il est tourné contre nous qui l'acceptons. Nous faisons partie de ce vaste système du tant bien que mal où il est pris, nous sommes le peuple des *infâmes infirmes*[33]. »

On lit ici la profonde solitude d'un Nietzsche liée à la grande dimension critique et clinique du poème rimbaldien : avec tous les hommes et tout à la fois contre tous les hommes. Car il y a des raisons de détester qui à l'aune de la vie vraie et du dépassement de soi sont des raisons d'inventer et de créer une autre humanité.

Les infirmes, les exclus, les ratés et les malades ne sont pas chez Nietzsche des humanités à détruire ou à nier, ce sont pour chaque scène et chaque situation expérimentées des occasions de monter sur ses propres épaules, de surpasser la condition pour devenir en toute innocence une création souveraine.

La joie et le malheur sont alors les noms de la même chose humaine, trop humaine. Rimbaud acte

---

33. *Id., ibid.*, p. 94.

l'innocence du devenir que Nietzsche expérimentait comme philosophe de la vie.

« *Rimbaud mon(s)tre le monde en tant qu'il est en défaut.* »

La pensée positive et objective de Rimbaud passe toute à l'écrit, elle s'avance dans les textes comme *la terrible célérité* de la perfection des formes et de l'action (*Illuminations*, « Génie »), elle se manifeste dans la personne du poète jeune en marche, elle ne déborde pas le spectacle de la société car elle est le débordement lui-même. Il y a ainsi dans les illuminations écrites par Rimbaud un motif de la science, une science pratique qui fait œuvre et vie : on y lit des inventions inouïes, des divinités artificielles et des politiques révolutionnaires.

Avec les phrases de Rimbaud, un autre ordre est mis en scène, une réalité supplémentaire surgit à chaque coin de paragraphe pour inventer en dur et en net et précis tout un monde physique et psychique qui n'est pas là mais qui devient, devient, devient.

Jacques Rivière, de son côté, notait que les monstres-mondes produits par Rimbaud sont de l'ordre organique d'une mise en forme « normale » mais portées « à leur comble ». Le critique évoque alors la raison positive de ces mondes en cours de création dans les phrases de Rimbaud : il en va pour lui d'un *mystérieux davantage* ou d'une *insolence constitutionnelle*.

Le style chez Arthur Rimbaud est donc une horreur marifique :

« Parfois cette terrible innocence se délivre en violentant les mots sans presque s'occuper de leur sens, en les chassant dans un tumulte sifflant, comme un jet de vapeur brûlante : la phrase commencée lentement, sagement, soudain s'affole ; l'excès remonte, se déchaîne et fuse, imprimant aux lèvres un horrible tremblement[34]. »

Si le poète jeune est construit positivement sur un défaut, il est par ailleurs au centre de son manque, il est le monde en totalité posé au point aveugle de son devenir et de son innocence. Ce n'est ni métaphysique ni romantique, c'est en fait scientifique, la poésie pour connaissance et nouveauté.

Jacques Rivière établit ce point mobile :

---

34. *Id., ibid.*, p. 108.

« Le poète, sans cesse, nous apparaît placé en un point mystérieux où il est au niveau à la fois de tout ce qui existe, où son âme devient égale à toutes époques, à tous les mondes et circule, avec une prodigieuse aisance, à travers les civilisations[35]. »

C'est là que le livre de Rivière sur Rimbaud et le premier et le dernier grand livre critique sur le poète jeune, le révolutionnaire et l'inventeur. Car nous aimons à jamais ce Rimbaud qui nous fait glisser sans cesse au désordre des vraies choses.

Ce sont les vagabonds de la vraie vie, dans *Illuminations*, qui ont le dernier mot :

« Et nous errions, nourris du vin des cavernes et du biscuit de la route, moi pressé de trouver le lieu et la formule. »

---

35. *Id., ibid.*, p. 110.

La création du poème (Rimbaud et Nous)

« Je ne pense pas qu'on ait le droit de considérer Rimbaud comme chrétien. Il n'y a dans son œuvre aucune profession de foi explicite et d'ailleurs je n'imagine pas qu'au moment où il l'écrivait, il fût capable d'embrasser un dogme, avec tous ses articles différents et conjoints, et d'y adhérer délibérément. La forme même de son esprit lui interdisait les démarches de la croyance : fait pour voir, il était impropre à croire. »

Jacques Rivière, *Rimbaud*, 1914.

Prométhéologique

Nous sommes de la révolution comme l'oiseau est du chant et le poisson de la nage : comme la tique est du poil. Nous sommes de la terre, nous sommes la terre décisive : sans ça, nous n'en serions pas et n'y serions plus. Protagoras, le sophiste génial, racontait dans un mythe, adressé à Platon, le philosophe des rois, que l'homme, en défaut d'origine, sans nature a priori, comme nu d'avance pour devenir quelqu'un, était un être sans qualité mais disponible à tous les possibles, prêt à toutes les prothèses, bon à ce que bon lui semble : l'homme de Protagoras doit la vie sauve à Prométhée, le voleur de feu, le technicien dans l'âme, le connaisseur. Nous aussi.

Nous sommes ensemble du même milieu, nous sommes le milieu lui-même : changer le monde, changer la vie, c'est nous. Pas de dieu pour en avoir besoin, pas de nature pour en avoir marre. *Hommiste* cent pour cent, ristourne comprise.

Je suis le principe, comme lui, comme toi, comme eux : nous autres c'est moi.

Hors le milieu de vie, milieu associé par nous, pas de salut. Hors le salut des hommes entre eux, pas de bonne volonté. Hors la vie, pas de mort non plus : se jeter du pont n'est pas jouer. C'est être dominé. Quand c'est nous qui dominons.

Prométhée et son Rimbaud avec nous !

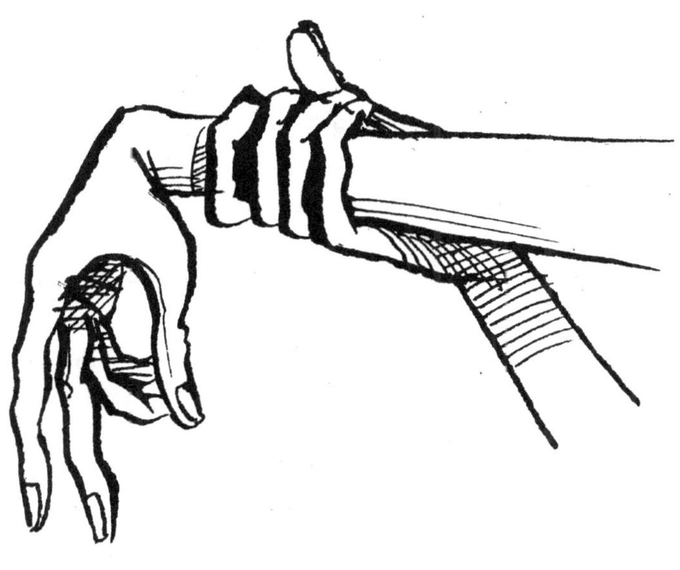

Outrage aux mots

Ce qui est moderne, c'est un humanisme des besoins qui, ne concernant plus du tout les philosophes, peut rendre plus vivants les gens et les poètes. Les gens sont des poètes lorsqu'ils désirent manger de bons plats cuisinés, dormir chaudement dans des lits confortables, travailler longuement dans de beaux endroits et se procurer intelligemment les choses dont ils ont besoin (les livres et les objets). Pour être la modernité qui anime la vie bonne et la vie seule, comme en poésie et en politique, les mots doivent être de notre fait et en notre possession. Or nous laissons partir les mots, nous laissons mentir les possesseurs de mots, nous ne sommes pas attentifs aux mots qui nous tuent. Le travail politique des années politisées qui nous viennent consiste à reprendre les mots avec nous : le pouvoir est au peuple comme le chat est un chat. Définissons la démocratie toujours comme ce qui est de la responsabilité de tous. Prendre ses responsabilités n'a de sens que si nous sommes responsables effectivement : avoir du répondant pour soi sachant les autres revient à préférer l'action à la parole, le salut fraternel et neuf qui ouvre sur le faire plutôt que la prière laïque qui ferme sur l'avoir bien fait (« L'ai-je bien descendu ? » est la fausse question morale et politique par excellence : « Soyez moraux, je m'occupe du reste » dit le chef à la bande). Chiche que nous savons nous y prendre. Contre l'outrage public aux mots perpétré par les affaires, il faut aujourd'hui l'ouvrage, enfin, de la démocratie.

Rimbaud président.

Ce que nous sommes enfin, Rimbaud le dit dans la lettre à Paul Demeny du 15 mai 1871 ; il définit une nouvelle poésie contre une ancienne, comme s'il lançait une nouvelle politique contre une ancienne : *Ni plaisanterie, ni paradoxe. La raison m'inspire plus de certitudes sur le sujet que n'aurait jamais eu de colères un Jeune-France. Du reste, libre aux* nouveaux *d'exécrer les ancêtres : on est chez soi et l'on a le temps.* Dans cette lettre la méthode *poliétique* s'étale en grand, fière de son fait et belle comme une rouée. Un coup pour la poésie, un coup pour la politique : la poésie s'habille au feu de la Commune.

Rimbaud œuvre la langue des travailleurs, obligatoirement horribles mais nécessairement révolutionnaires : *La première étude de l'homme qui veut être poète est sa propre connaissance, entière ; il cherche son âme, il l'inspecte, il la tente, l'apprend. Dès qu'il la sait, il doit la cultiver ! Cela semble simple : en tout cerveau s'accomplit un développement naturel ; tant d'égoïstes se proclament auteurs ; il en est bien d'autres qui s'attribuent leur progrès intellectuel ! – Mais il s'agit de faire l'âme monstrueuse [...].*

Tous les mots pour dire l'effort démocratique sont proprement des horreurs, impossible d'en parler devant les jeunes filles, ou alors il nous faut des enfants éduqués, à l'école des instituteurs de Sade, par exemple et par pédagogisme conséquent.

Contre l'outrage aux mots, il y a le rire : nous imaginons bien la classe enfantine face à son maître républicain, un marquis, un Sade. Puisqu'il faut le dire enfin : Rimbaud n'est pas un voyant comme Madame Soleil, la platonicienne, il est un poète qui a raison de ce qu'il voit comme René Descartes, excusons-nous du peu. Pour dérégler, il faut les règles et les bâtons. *Le Poète se fait* voyant *par un long, immense et raisonné* dérèglement *de* tous les sens. D'où la vue fine et le geste précis du travailleur manuel à plume.

Démocratisme

Nous savons que nous ne vivons pas en démocratie : aucune démocratie n'existe dans le monde. La démocratie n'est pas pour nous ce qui doit exister dans le monde, mais c'est le monde entier qui est *démocratiste* ou plutôt *démocratologique* ou mieux : une démocratisation. Ce qui démocratise les gens dans le monde entier, c'est le démocratisme. Est démocratiste celui qui affirme dans son travail et à la maison la valeur unique de la vie humaine en tant que telle, une vie *y basta*, une vie c'est tout : selon un slogan du type « touche pas à mon homme ». Ce démocratisme qui veut tout pour tous est la flèche de sens de l'humanisation elle-même. La démocratie destine l'homme à son humanité. Comme la technicité pour le grand paléo-anthropologue André Leroi-Gourhan. Même au cœur de la pire des dictatures, nous sommes *de* la démocratie en tant que nous sommes les hommes : les Inuits s'appellent eux-mêmes les hommes, les prisonniers s'appellent les hommes, les morts aussi et les vivants aussi. Nous seuls, les hommes, la démocratie. Nous devenons humains, nous devenons ce que nous sommes, nous devenons la démocratie humaine.

Viva la révolution et Rimbaud !

Hommisme

La révolution, c'est l'homme. C'est ce qui a lieu et ce qui est en cours, dès avant Cro-Magnon jusqu'à demain matin. La révolution est le fait humain, l'humanisation : que cela passe dans la rue n'est pas pour nous défaire, cela se passe ici et cela nous fait depuis l'origine du temps d'homme. Hommisme est le mot juste pour comprendre en restant vivant. Hommisme donnera une définition humaine du pouvoir humain, ni éthique ni technique, juste une image : le poète vivant dans la rue des gens. Rimbaud, parti ailleurs et revenu à nous, continue pourtant son tutorat sauvage pour nous.

Je reprends : donc le poète est vraiment voleur de feu. Il est chargé de l'humanité, des animaux *même ; il devra faire sentir, palper, écouter ses inventions ; si ce qu'il rapporte de* là-bas *a forme, il donne forme ; si c'est informe, il donne de l'informe. Trouver une langue [...].*

Ici Rimbaud dans une simple lettre à l'ami Paul Demeny trouve sa langue politique, par force et avec joie : les gens sont créateurs d'une danse qui leur fait inventer des vessies pour les lanternes qui

éclairent leur théâtre, et ils ont raison ; tout ce qui fait forme, fait vie, fait changement et fait du bien. Aux animaux même.

La question humaine, si elle est technique grâce aux voleurs de feu, est politique grâce aux animaux qui ne nous parlent pas mais qui nous font parleurs.

La Poésie ne rythmera plus l'action ; elle sera en avant.

Avec Rimbaud, la politique donne enfin. Foin des élections, des sondages, des conférences de presse, des rendez-vous télévisuels (haut les mains, vous êtes cernés !), des éditorialistes politiques, des référendums, des livres politiques, des partis politiques : tout pour les idéologiques, les poétiques, les matériologiques et tout de surcroît pour les humanités, les raisons, les lois et les institutions, toutes formes de vie révolutionnaires au féminin pluriel.

Rimbaud aujourd'hui et pour demain matin est la marque déposée de toute bonne politique humaine/ humaniste : cette révélation n'a aucun chemin pour elle aujourd'hui, elle devra faire son scandale avant 2022.

Outrage aux vivants

Il en est de l'État comme du Mec : au pouvoir, au bavoir, au crachoir, au dépotoir. Il tient l'ostensoir. Ce mec est un pape : plus de politique possible, plus de poétique pensable. La femme libre et belle est violée de fond en comble chaque jour que l'État fait français. Cet État préfère les choses à la vie, la mort à Rimbaud, cette si belle jeune femme au parfum de toutes les révolutions.

Ces poètes seront ! Quand sera brisé l'infini servage de la femme, quand elle vivra pour elle et par elle, l'homme – jusqu'ici abominable – lui ayant donné son renvoi, elle sera poète, elle aussi ![...]

On aura compris (Marx déjà l'avait compris) : dans le renvoi de la femme par l'homme, l'espace libéré est celui entier du *poliétique*. Nous le croirons nous aussi, au nom de la sagesse *rimbaldienne* du politique, résolus à *aragoniser* nos futurs conseils ouvriers : la femme est l'avenir révolutionné de l'homme. Pas besoin de rêver le sur-mâle des ministères de gauche et de droite, manifestons avec la sur-femme des rues et des quartiers.

L'outrage des vivants, par *mondialatinisation* et domination capitalistique, est passé par le ventre de la femme : l'être rendu femme par nous, l'être à rendre sur-femme par la rue et l'inversion des valeurs. Croyons en Nietzsche et son écrivain au féminin, Jacques Derrida, qui racontait en 1972 que le philosophe de la vie nietzschéenne est le penseur de la grossesse. Derrida disait que Nietzsche pleurait facilement et à l'envi sur son propre ventre, qu'il parlait de sa pensée comme une femme grosse de son enfant. La femme outragée est celle que l'on nie une première fois comme erreur de la nature et que l'on nie une seconde fois comme puissance affirmative : une femme puis une autre femme et enfin la femme-femme. Cela fait la vérité que le mec des ministères viole tous les jours de la semaine politique des hebdomadaires. Pour Derrida, il y a la femme, le juif et l'écriture : les trois sont la même vérité violée et outragée.

La révolution est nécessairement un hommage à Hortense (poème titré « H » dans *Illuminations* de Rimbaud, entre « Bottom » et « Mouvement »). Toutes les femmes s'appellent H comme Hortense. Comme l'heure. Comme la mort.

Toutes les monstruosités violent les gestes atroces d'Hortense. Sa solitude est la mécanique érotique ; sa lassitude, la dynamique amoureuse. Sous la surveillance d'une enfance, elle a été, à des époques nombreuses, l'ardente hygiène des races. Sa porte est ouverte à la misère. Là, la moralité des êtres actuels se décorpore en sa passion, ou en son action – Ô terrible frisson des amours novices, sur le sol sanglant et par l'hydrogène clarteux ! trouvez Hortense.

Nous ne chercherons pas Hortense car nous la trouvons : enfance, rue, école, lit, cuisine et usine. Hortense est notre vie en femme réparée.

Communisme et outrage aux travailleurs

Nous lirons le poème de Rimbaud écrit pour la Commune en 1872 et nous lui donnerons un titre qu'il n'a pas encore : *Nous, c'est les autres.*

La question de Rimbaud est celle qui nous met le sens politique dessus dessous : que faisons-nous ? La réponse est une autre question, celle qui nous remet le sens sur le dos pour que nous lui grattions le ventre :

Qu'est-ce pour nous, mon cœur, que les nappes de sang [...]/ Et toute vengeance ? Rien !... – Mais si, toute encor,/ Nous la voulons ! Industriels, princes, sénats,/ Périssez ! puissance, justice, histoire, à bas !/ Ça nous est dû. Le sang ! le sang ! la flamme d'or !

Puis vient de manière républicaine et culturelle l'appel à la guerre contre tous les pourris, les nantis, les couronnés et les bien nés : c'est même la guerre totale contre les pays, qui pointe et sévit, la guerre de tout le monde contre le monde de tous. Pourtant, chez Rimbaud, le Nous a un sort à part, le Nous joue la marge et veut l'ironie, la distance et son pathos délicat : le Nous naît du Je comme son même, quand celui-là aime son amour pour l'homme. C'est à la fin du poème de 1872 : Rimbaud parle pour les autres.

Oh ! mes amis ! – mon cœur, c'est sûr, ils sont des frères :/ Noirs inconnus, si nous allions ! allons ! allons !/ Ô malheur ! je me sens frémir, la vieille terre,/ Sur moi de plus en plus à vous ! la terre fond,/ Ce n'est rien ! j'y suis ! j'y suis toujours.

En fait, le *je* du poème ne supporte pas les faux *nous* de la république, *nous* de la haine, *nous* au chômage

par l'outrage incessant, *nous* nihilistes et sans honneur. Le *je* préfère la démocratie en son pouvoir, avec *nous* les amis : ce sont bien les *frères* qui démocratisent, pas les filles et les fils de France. Rimbaud le gueule clairement, pour que nous entendions, il sent que la terre bouge avec lui, sur lui, qu'il est de la terre qui bouge et que cela, c'est pour nous : il écrit dans le poème, qui devient la terre elle-même, qu'il bouge avec la révolution et que cela fait bouger les *vous* qui sont les *nous*, lui compris et bougeant avec.

Le communisme de Rimbaud est un humanisme par l'intime et par l'ontologie. C'est un communisme à l'étiage : communisme des profondeurs par les surfaces, humanisme par le bas, pour une vie haute. Chaque être compte parce que le singulier ne se conjugue qu'au pluriel, infiniment. Chaque singularité entre dans la danse qui met en phase et en rythme les singuliers déjà dansant, déjà produisant le rythme et bougeant en phase : la révolution communiste de Rimbaud est son unique expérience, juste un mouvement qu'il faut laisser prendre. Cette danse-expérience produit le réel en commun qui montre tous les danseurs dansant et chacun chantant : *j'y suis ! j'y suis toujours !* Sous l'espèce d'éternité du présent de la danse humaine, c'est la révolution qui jouit d'elle-même.

Outrage à l'art

Philippe Lacoue-Labarthe est mort, l'art est mort. La révolution, pourtant, que nous dirons tue la mort de l'art. Le philosophe mort en janvier 2007 à Paris écrivait en 1983, à propos de deux poèmes de Paul Celan (dans un livre intitulé *La Poésie comme expérience*), que « le temps de détresse est le temps — notre histoire désormais », c'était sa manière à lui, Lacoue-Labarthe, de dire à quoi sont bons les poètes. Les poètes sont bons à être. Cela suffira pour faire les hommes et la révolution demain matin.

Toutefois, fabriquer le poème est chose difficile car gratuite et sans ordre. Car le poème est le poète. Dit autrement, la rose est personne, ou la fleur est rien. Pour comprendre (Rimbaud avec Lacoue) : la révolution est nue. Le lieu est vide de tout ce qui est l'événement. Nous n'avons rien à faire, nous, des avènements, rien à espérer ou à attendre des lendemains hurleurs, nous avons à faire avec l'événement, c'est nous : rien ne vient, tout y est, demain matin c'est ici. Puisque nous sommes dans la nuit, puisque nous en sommes au temps de la détresse déjà depuis toujours.

La rose et personne sont, dans le poème de Celan, *le pur paraître de rien*, et dits ainsi :
« Un rien
nous étions, nous sommes, nous
resterons, en fleur :
la rose de rien, de
personne. »

Et c'est une rose ! c'est la rose ! la rose, c'est la vie. Rose rouge, comme le sang et les joues. Rose, Rosa. Rosa et Karl. La révolution rouge en Allemagne : Luxemburg et Liebknecht assassinés en cœur le 15 janvier 1919.

« Haut jusqu'au ciel battent les flots des événements ; nous sommes habitués à être précipités du sommet jusque dans les profondeurs. Mais notre vaisseau poursuit fermement et fièrement sa route droite – jusqu'au but. Et que nous vivions encore quand il sera atteint – notre programme, lui, vivra ; il dominera le monde de l'humanité libérée. Malgré tout ! Sous le grondement de l'effondrement économique qui s'approche, l'armée encore sommeillante des prolétaires se réveillera comme au son des trompettes du Jugement dernier, et les corps des combattants assassinés ressusciteront et exigeront des comptes de leurs bourreaux. Aujourd'hui encore le grondement souterrain du volcan ; demain il fera éruption et ensevelira les bourreaux sous ses cendres brûlantes et ses flots de lave incandescente. »

(Karl Liebknecht, *Die Rote Fahne*, Berlin, 15 janvier 1919)

On peut écrire à propos de ce rappel à la révolution de Liebknecht, ce que Paul Celan écrivait à propos du poème : « Le poème est au fort de lui-même quand il est au bord de lui-même. »

L'humain que nous sommes (nous le sommes parce que nous en sommes là d'un texte qui nous écrit en nous donnant la chance de rire des outrages qui nous sont faits), cet humain est le poème – une république ou un État (l'un mangeant l'autre à l'intérieur) ne savent ce qu'elles font à un poème lorsqu'elles croient pouvoir traiter l'humain – cet humain donc est lui-même le poème : c'est-à-dire qu'au moment où l'écriture ou la phonation ont lieu, la naissance est une mort, la vie est une révolution. Ainsi le poème de Paul Celan s'arrache de la mort et de son outrage à chaque occurrence, à chaque existence qu'il vit dans chaque mot posé ou émis ou dit. La révolution humaine fait de même : elle n'est rien avant d'être, plus rien ayant été, elle est tout étant. L'histoire du mot le prouve aussi : essayez pour voir d'écrire un livre qui s'intitulerait *Révolution* ou même *La révolution* ou pire *Vive la révolution* ou mieux *Révolutionnons-nous…* Personne n'écrit un livre comme ça : ce n'est pas sérieux. Pourtant c'est bien d'un poème qu'il s'agit ici, et qui veut s'écrire. Un peu comme un impossible, mais l'adresse au *nous* permet toutes les folies littéraires.

Ou alors : ceci est un poème à Rimbaud.

Le poids humain d'un poème est un poids vivant, comme la levée du corps mort qui fait plier le rythme d'une scène bien mise : nous savons tous à quel point sont révolutionnaires la poésie de Rimbaud et le poème de Celan. Les raisons de détruire l'État nous sont données par ces deux-là, d'après la Commune ou d'après Auschwitz. La raison que nous donnent ces deux-là est toute de poétique et de politique. Il n'est pas d'autres raisons chez nous pour retourner dans la rue. Et finir ce qui a été commencé en 1871 puis en 1917 et en mai 1968.

Paul Celan a écrit notre révolution dans le texte qui donne sa poétique (notre politique) et qui a pour titre *Le Méridien* (c'est le texte d'une conférence de 1960 sur Georg Büchner) :

« Accessible, proche et non perdue, restait, au milieu de tout ce qu'il avait fallu perdre, cette seule chose : la langue. Elle, la langue, restait non perdue, oui, en dépit de tout. Mais il lui fallut alors passer par ses propres absences de réponse, passer par un terrible mutisme, passer par les mille épaisses ténèbres d'une parole meurtrière. Elle est passée sans se donner de mots pour ce qui avait eu lieu. Mais elle passa par ce lieu de l'Événement. Passa et put à nouveau revenir au jour, enrichie de tout cela. C'est dans ce langage que, durant ces années et les années d'après, j'ai essayé d'écrire des poèmes : pour parler, pour m'orienter et apprendre où je me trouvais et où il me fallait aller pour que quelque réalité s'ébauchât pour moi. C'était, nous le voyons, événement, mouvement, cheminement, c'était l'essai pour gagner une direction. » (Cité par Philippe Lacoue-Labarthe, page 56, dans *La Poésie comme expérience*, édité chez Bourgois, en 1986.)

A-t-on sérieusement déjà lu et compris une déception ou une négativité à ce point positive et techniquement accrochée au point vital du réel qui révolutionne.

Nous tentons un peu ici de parler une langue malgré tout. Comme des Arabes et les Indiens (les étranges étrangers) que nous voulons devenir enfin.

Si nous ne faisons pas « événement, mouvement, cheminement » pour « gagner une direction », nous n'en sommes plus, nous n'y sommes plus, pour rien ni personne. La rose n'est plus la rose, le chat n'est pas un chat.

Si nous essayons la route, c'est nous qui sommes la route. L'honneur est sauf et l'hommage au poème est fait.

Rimbaud est notre politique.

Pour Lacoue-Labarthe (notre ami du genre humain), dans le poème, l'art s'élargit, il s'augmente d'autant, il prend la dimension qu'il faut pour l'humain qui l'habite, *po(li)étiquement*. Par le poème, la contre-attaque politique est possible, elle passe par la contre-parole, la parole vivante et seulement humaine, singulière, qui *prend* puis se *dégage*, qui *accroche* puis se *détourne*. La contre-parole aime la rue : elle préfère la manifestation à la représentation. La révolte à l'assemblée. Il est une poésie moderne (leur morale n'est pas la nôtre) qui anarchise grâce à Rimbaud, et Rimbaud seul. Jusqu'en Arabie.

Nous aimerons dire à nos enfants la phrase suivante de Lacoue-Labarthe, nous la dirons rieurs et avec les yeux qui piquent :

Quelque chose tourne dans l'homme, qui en déplace l'humain, quelque chose même, peut-être, se renverse ou se retourne dans l'homme, qui l'expulse de l'humain.

Cette phrase embarque vers cette autre, de Georg Büchner (citée, relue, mâchée, commentée, réalisée par Lacoue-Labarthe) :
Simplement il lui était parfois désagréable de ne pouvoir marcher sur la tête.

Il y a de la pensée radicale dans l'air.

L'époque est au mauvais, la détresse est à la rue, elle nous fait sens dessus dessous. À nous de prendre la pose et d'organiser la proportion de tête selon la place du reste. L'idée est bonne : nous devons marcher sur la tête. Révolutions, nous.

Athéologique

En Arabie, tout sera paix, calme et souverain bien politique : la poésie sera un travail libre et rémunérateur. La rue sera jonchée, occupée, chargée d'humains. Pas d'âme à l'horizon, pas de Dieu au boxon.

Nous avons bien compris que les enthousiastes (ceux qui sont pris par le dieu) ne voudront pas de nos *athéosophismes* (ce qui permet de savoir que nous sommes sans dieu) : pourtant Rimbaud est encore avec nous.

Lorsque Rimbaud ne poétise pas, il travaille le poème, il fait la révolution. Saint Claudel en son temps nous parlait d'un Rimbaud chrétien, pur et droit, poétique sans politique, divin pas chien, malin pas citoyen. Nous savons en 2011 que Claudel n'était pas l'ami des poètes, pas l'ami du genre humain, pas poète non plus : l'écrivain chrétien quand il aime Rimbaud aime lui faire la peau. Nous en avons la preuve lorsque nous lisons tiré du fond du vaticanisme le plus encavé et le plus noir des phrases du type : « le poème est un acte de foi », « le poète est lui-même écrit par Dieu », « le poème est une alchimie et il est le christianisme même » ; non, le poème est la révolution humaine et prométhéenne, avec l'homme de Rimbaud à la proue, l'arme de Lautréamont en chantier et la vie de Lacoue-Labarthe en porte-flamme.

Je dis qu'il faut être voyant, se faire voyant.

Nous dit Rimbaud.

Qu'est-ce que ça veut Nous dire ?

Ineffable torture où [le poète] a besoin de toute la foi, de toute la force surhumaine, où il devient entre tous le grand malade, le grand criminel, le grand maudit — et le suprême Savant ! Car il arrive à l'inconnu ! Puisqu'il a cultivé son âme, déjà riche, plus qu'aucun ! Il arrive à l'inconnu, et quand affolé, il finirait par perdre l'intelligence de ses visions, il les a vues ! Qu'il crève dans son bondissement par les choses inouïes et innommables : viendront d'autres horribles travailleurs ; ils commenceront par les horizons où l'autre s'est affaissé !

A-t-on sérieusement fait tout son possible depuis 1871 pour ne pas comprendre ici la moquerie du poète, la grosse bêtise de l'enfant, le grand rire du philosophe ?

On se moque du monde.

Le voyant est en premier lieu un doux dingue, un voyou et un voyeur : il faut soi-même ne rien voir pour ne pas concevoir que, dans la lettre au jeune ami et poète Paul Demeny, Rimbaud taille le costume poétique de toute la poésie moderne jusqu'à nos jours. Puisque la poésie de Rimbaud est la dernière poésie moderne à l'époque de toute poésie contemporaine.

L'*autre affaissé* dans l'injonction de Rimbaud, c'est aussi bien le poète sans politique que le dieu sans parti. Commencer par viser à nouveaux frais l'horizon pour voir que dieu et le vieil homme sont morts et que la voie est libre, voilà un programme poétique digne de toute grande politique humaine (Nietzsche compris).

Rimbaud l'annonce explicitement dans sa prose communarde : nous sommes les suivantes et les suivants d'un dieu mort et d'une culture de mort. Ceci nous rend à la vie car nous avons pris conscience des insensés que nous étions, morts et vivants sous Dieu, pauvres et malheureux sous la Poésie des offices et des cours. C'est terminé, cette histoire, depuis que Claudel est mort et enterré, mais aussi depuis que la révolution démocratique nous fait revenir en Arabie, là où Rimbaud nous avait laissés. Nous y sommes maintenant, revenus de tout, ensemble comme des poètes sans poème, autrement dit *poème nous-mêmes*.

Outrage à l'humain

Pour l'exemple.
Un seul.

Cela suffit.
Celui de la police politique.

Car c'est Rimbaud qu'on assassine.

Main courante de l'État répondant à la plainte de la victime française d'abord.

Soit trois fiches de police politique sans poétique.

Il existerait sur le sol français des êtres humains sans droit humain à exister sur le sol français. Il serait du devoir de l'État français de chasser ces êtres sans droit du territoire français. Le protocole de cette chasse serait dans un premier temps la chasse d'eau pour évacuer les matières et dans un second temps la chasse à courre, avec la meute de chiens, l'hallali et la curée, pour légitimer la police et les mœurs.

Il existerait sur le sol français des criminels en puissance qui se feraient passer pour des êtres humains et qu'il faudrait attraper pour les maintenir en prison afin de vérifier qu'aucune de leurs multiples transformations n'en fasse des êtres humains ayant le droit à la liberté, à l'égalité et à la fraternité. Il serait du devoir de l'État français de définir l'être humain comme potentiellement une bête de proie par essence et un méchant par origine, scientifiquement prouvé nuisible à la société. Le protocole de construction de cette définition de l'homme en général passerait par la mise en place de commissions de sociologues et de psychologues qui accréditeraient la thèse selon laquelle les bêtes, lorsqu'on ne les transforme pas en humains, préfèrent toujours la soupe aux croûtons de pain aux os de fémur mal nettoyés.

Il existerait sur le sol français des êtres humains sans droit humain à décider eux-mêmes d'en finir avec leur propre vie qui, voulant en finir avec leur vie, forceraient les êtres humains ayant des droits humains à les tuer. Il serait du devoir de l'État français de refuser de donner la mort à ces êtres sans droit humain au nom sacro-saint de la bonté française en termes d'État et de droit à la vie, la vie, la vie. Le protocole de meurtre consisterait à s'en laver les mains, à laisser faire la Mort de droit et à détourner le regard : le visage de Mort de l'être humain de droit étant son visage auprès de Dieu de droit.

Il n'y a décidément que Rimbaud contre.
Pour une révolution en Arabie aujourd'hui.

Démocratie et Génie

La démocratie n'a jamais existé sur terre.

La démocratie n'existe pas sur terre.

La démocratie existera demain matin en Arabie.
L'humain ne se supporte plus vivant sur terre et ne vivant pas la démocratie comme il se doit de la vivre, comme il se voit et se pense la vivre.

L'humain ne supporte plus de ne pas vivre pour l'idée qu'il s'est sortie de la tête depuis 1789…

Voilà notre démocratie, écrite à la main à plume, dans les Illuminations *de Rimbaud.*

Contre ceux : « Le drapeau va au paysage immonde »
Pour nous : « Le patois étouffe le tambour »
Contre ceux : « Au service des plus monstrueuses exploitations industrielles ou militaires »
Pour nous : « Nous alimenterons […] les révoltes logiques »
Contre ceux : « Au revoir ici, n'importe où »
Pour nous : « C'est la vraie marche. En avant, route ! »

Notre génie, même lieu et même formule.

« Il nous a connus tous et nous a tous aimés. Sachons, cette nuit d'hiver, de cap en cap, du pôle tumultueux au château, de la foule à la plage, de regards en regards, forces et sentiments las, le héler et le voir, et le renvoyer, et sous les marées et au haut des déserts de neige, suivre ses vues, ses souffles, son corps, son jour. »

Po(li)ètes de tous les pays déréglez-vous

Dans *Le polième*[36], Michel Surya parle clairement et simplement de la révolution et de la pensée, de la poésie et de la politique, de la liberté et de l'égalité. Ce sont des mots. Mais ce sont tous les mots qu'il faut pour vivre comme des hommes à partir de maintenant.

Michel Surya prend ses mots dedans le politique de la poésie. Noël fait partie de ces poètes qui écrivent

---

36. Michel Surya, *Le polième (Bernard Noël) Matériologie, IV*, Fécamp, Éditions Lignes, 2011.

« révolution » avec un « R » majuscule : c'est pour la faire.

Surya, ainsi, recommence dans ce petit livre gris et rouge une histoire de la littérature qui continuerait avec Rimbaud, Lautréamont, Marx, Bataille et Breton. Cette histoire prend origine dans la Commune de Paris, il y a cent quarante ans.

À ce titre, le livre de Michel Surya est un livre surréaliste car révolutionnaire et po(li)étique : *poliétique*, c'est le mot fabriqué de toutes pièces par l'auteur pour dire le politique de la seule poésie. *Politique*, au sens nouvellement déréglé de *révolutionnaire* : la révolution est dans ce livre. André Breton aussi, en première ligne :

Le socialisme qui n'avait été longtemps qu'une aspiration généreuse, venait de s'agripper à la terre par des racines profondes ; il était, dans sa période la plus rapidement ascensionnelle, l'arbre qui ne pouvait manquer un jour d'éclairer le monde de toutes ses fleurs, quelque chose comme ces grands flamboyants qu'en mai dernier je voyais baigner de sang transparent les fenêtres des îles Canaries. Et ce sang même, dans la mesure où pour permettre l'avènement du socialisme il fallait d'abord qu'au pied de l'arbre il fût longuement répandu, ce sang

s'illuminait de la conscience de remplir sa destination la plus haute — les hommes s'étaient enfin découvert une cause pour laquelle ils ne tomberaient pas en vain, toute l'amélioration du sort de l'espèce était en jeu ; de ce sang montait un parfum de délivrance[37].

Il est à nouveau d'actualité de dire les mots de la révolution et de sa nécessité moderne, les mots de la liberté et de son odeur rouge de fleurs rouges : Michel Surya dans *Le polième* a offert les fleurs qui sont les armes qu'il faut aux Arabes aujourd'hui même. La révolution fait toujours honneur aux mots, contre la langue *monoccidentale* ou *mondialatinisée*.

Quelle révolution ? Pour quel fusil, si c'est une fleur ? Parlez plutôt de révolution nécessaire et livrez les fleurs comme des armes : ce seront d'abord des mots. Les mots qu'il faut sont écrits noir sur blanc dans le livre de Michel Surya.

C'est ce dont parle *Le polième* lorsqu'il veut redonner du sens poliétique à l'insensé non politique et non poétique de la domination capitalistique.

---

37. André Breton, *Position politique du surréalisme*, préface de 1935, Paris, Le Livre de Poche, 1971, p. 5, (« Biblio Essais »).

C'est par sa signification humaine profonde, par sa signification universelle, que la Révolution soulèvera les hommes et non par une concession timorée à leur égoïsme, à leur conservatisme national. Tout ce qui justifie notre volonté de nous dresser contre les esclaves qui gouvernent intéresse, sans distinction de couleur, les hommes sur toute la terre[38].

Qu'est-ce qu'une révolution maintenant ? C'est quand, dans la langue, le sens prend le parti des choses. Belle partie. Ce n'est pas fini. C'est notre musique.

C'est la question du style qui, fait homme, rassemble le bouquet humain comme temps des révolutions. La musique aussi dont parlait Nietzsche lorsqu'en présentant à tous, dans *Par-delà bien et mal*, ce qui établissait les peuples et les patries, il mettait les mots importants sur la musique de Wagner en tant que révolutionnaire malgré tout : Nietzsche parle aux musiciens quand il joue le démocratisme et l'art contre la métaphysique et la mort. Tout *Le polième* de Michel Surya participe de cette mise en musique de la révolution humaine.

---

38. Voir « Contre-attaque, Union de Lutte des intellectuels révolutionnaires », *in* André Breton, *Position politique du surréalisme, op. cit.*, p. 126.

Cette musique apparaît tantôt comme archaïque, tantôt comme étrangère, âpre et d'une excessive jeunesse, elle est aussi arbitraire que pompeusement traditionnelle, quelquefois espiègle, plus souvent rude et grossière ; elle a du feu et de l'audace, et en même temps la peau molle et jaunâtre des fruits qui mûrissent trop tard. Elle roule largement, à pleins flots, et subitement c'est une seconde d'inexplicable hésitation, comme un hiatus qui bée entre la cause et l'effet, une lourdeur qui nous fait rêver, presque un vertige, mais déjà roule et s'étend le vieux flot dispensateur de plaisirs infiniment variés, de bonheur ancien et nouveau, y compris — et combien — le bonheur que l'artiste prend à la maîtrise de ses moyens et dont il ne fait pas mystère, le ravissement que lui donnent sa propre virtuosité et les moyens tout nouveaux, jamais employés qu'il a su mettre en œuvre et dont il semble nous donner la primeur[39].

Ne pas croire, ne pas savoir : voir. Ou lire.

Ce qui revient, quand on en revient, au même. Pourvu que vive la seconde inexplicable !

---

39. Friedrich Nietzsche, *Par-delà bien et mal, op. cit.,* § 240, p. 182.

C'est notre valse.

Car c'est bien d'une révolution de la perte des illusions révolutionnaires qu'il s'agit, mais c'est une révolution nécessaire qui court et qui donne le ton et lance la chanson. Ritournelle sans cadence mais ritournelle pour la danse. Jasmin pour rire, matin pas chagrin, mais grand soir pour voir.

Ni théologique ni logique, mais *prométhéologique*. La révolution, avec Michel Surya, dans un seul livre, est notre nouvelle grandeur : nous sommes tous Arabes/ Indiens et modernes.

Autrement dit : nous sommes un hiatus qui bée entre la cause et l'effet. Grâce aux gens de la rue révolutionnaire, nous ne ferons plus jamais mystère de notre poliétique (sanctus januarius).

Ce que Rimbaud savait de Nietzsche

Nous ne parvenons à reproduire en nous que fort mal [...] les apothéoses de la vie humaine telles qu'elles resplendissent de loin en loin, ces moments miraculeux où une grande énergie s'est arrêtée à la frontière du démesuré et de l'infini, où l'homme a goûté une surabondance de joie subtile à comprimer et à paralyser ses énergies, à se tenir et à se raidir sur un sol encore mouvant. La mesure nous est étrangère, reconnaissons-le ; notre prurit est le prurit de l'infini, de l'illimité[40].

Nous sommes préparés comme jamais au carnaval du grand style, au rire endiablé de la plus spirituelle chienlit, à la cime transcendantale de la suprême idiotie et à la dérision aristophanesque de l'univers. Peut-être trouverons-nous justement là le domaine où faire triompher notre invention, le domaine où atteindre nous aussi

40. *Id., ibid.*, p. 162.

à l'originalité, peut-être comme parodistes de l'histoire universelle et comme paillasses de Dieu; peut-être, si aucune de nos œuvres n'a d'avenir, notre rire en a, lui[41] !

Aucune de ces pesantes bêtes de troupeau à la conscience tourmentée, qui s'évertuent à donner la cause de l'égoïsme pour la cause de la prospérité générale, ne veut comprendre que la « prospérité générale » n'est pas un idéal, pas une fin, pas une idée un tant soit peu praticable, mais seulement un vomitif[42].

Quand l'homme se laisse entraîner à la négation de soi-même, ou à la mutilation volontaire [...] ou, d'une manière générale, à la spiritualisation, à la désincarnation, à la contrition, à la convulsion pénitentielle des puritains, à la vivisection de la conscience, [...] c'est que sa cruauté l'attire et le pousse en avant, c'est qu'il tombe en proie au dangereux frisson de la cruauté tournée contre soi-même[43].

---

41. *Id., ibid.*, p. 160.
42. *Id., ibid.*, p. 167.
43. *Id., ibid.*, p. 169.

Composition :
L'atelier des glyphes